探偵の現場

岡田真弓

角川新書

はじめに

メディアから取材を受ける際、必ず質問されることがあります。

「なぜ探偵社を始めようと思ったのですか？」

何度もいろいろな機会で話してきたのですが、私が探偵社を始めようと思ったのは、きわめて単純な理由でした。

たまたまある日、自宅のポストに、大きく「不倫調査」と書いてある探偵社のチラシを目にし、強く印象に残りました。ところが数日後にも、違う探偵社のチラシが入っているではありませんか。そこにも「浮気調査で真実を知るには!?」「疑いを持っているなら行動を！」といった刺激的なキャッチコピーが目に飛び込んできたのです。

その頃私は、不動産関連の仕事をしていましたが、自ら起業したいと考えていました。独立するには、どんなビジネスが良いのか思い悩んでいた時に、このチラシと出会ったのはまさに運命でした。

「世の中にはこんなに不倫が多いんだ。それを調査する探偵ってニーズがあるかも……」と思い、調べてみると探偵学校というものがありました。

早速入学して、調査ノウハウや宣伝の仕方、経営方法などを学んだのですが、知れば知るほど需要があることが分かり、当時はあくまで利益を生む可能性を秘めたビジネスとして捉《とら》えていたのです。

こうして「総合探偵社　株式会社MR」を立ち上げ、チラシを撒《ま》くと、二、三日してすぐに依頼が来ました。

最初の案件も予想通り、不倫調査。夫は妻と別居していたのですが、その住まいに時折愛人が来ている気配があり、三日三晩、寝ずに張り込んで証拠を取りました。長い間、夫の不倫に悩んでいた妻から、これで悔しさを晴らすことができると喜んでもらえた時、探偵という仕事の醍醐味を噛《か》み締めるとともに、単なる利益を追求すれば良いというビジネス・オンリーの仕事ではないことを痛感したのです。

探偵はさまざまな人間関係の中で悩み苦しむ人の支えとなることを第一に考え、感謝の言葉こそが大きなやりがいとならなければやっていけないことを知りました。この最初の案件で得た学びは、私の原点であり、機会ある度に思い出しては、初心を忘れることのないよう気を付けています。

私が探偵社を開業してから4年後、探偵業法が施行され、それまでグレーに捉えられていた探偵へのイメージが明るく開けていくのではないかと予感しました。ちょうどその頃から依頼が急増し、日々の探偵業務は多忙を極め、気づけば売り上げで業界日本一になっていました。

探偵は毎日のように思いもかけないドラマに遭遇し、驚きと発見の連続です。時にはドロドロとした男女関係を目の当たりにし、信じられないような修羅場を目撃します。探偵のリアルを伝えるため、本書ではこれまで実際に接してきたエピソードをできるだけ多くご紹介しています。

一生懸命に依頼者と向き合い、多くの案件に接してきた中で、私は不倫も時代に応じて変化してきたことを感じています。今回、弊社で長年にわたって集めてきた、不倫に関するデータを公開しました。探偵社から見た不倫の分析という視点からも、興味深く読んでいただけるものと思います。

不倫は特別なことではありません。不倫するほうも、不倫されるほうも、ごく普通の人ばかりです。すぐ身近なところで起こっており、不倫された妻あるいは夫からすると、その悔しさはとてもおさまるものではありません。

不倫を感情的にではなく、客観的に分析できるように、弊社では探偵と共にカウンセラーが立ち合い、解決に向けて親身になって寄り添っています。昔の探偵社は、調査して証拠を取ればそれで終わりでした。しかし、依頼者には不倫された心の傷が残ってしまいます。

不倫されても、夫あるいは妻ともう一度やり直すという選択もあります。たとえば、夫が愛人と三年間不倫していたとしたら、やり直しするにはそれ以上の年月がかかります。そういった実状を踏まえ、依頼者のメンタル面などもフォローした結果、弊社で不倫調査を行った約七割が離婚ではなく、夫婦関係を継続する道を選んでいます。

探偵は奥深い世界で、不倫調査にはプロならではのノウハウが詰まっています。本書では、その具体的な方法も載せていますので、ご自分でぜひ試してみてください。張り込みや尾行、聞き込みなどのスキルも、ポイントを含めてそのテクニックを明かしています。

また、弊社では探偵学校も運営しており、どんなことを学ぶのか、詳しい内容も掲載していますので、探偵という職業が現実のものとして浮かび上がってくるはずです。

全国には多数の探偵社が存在していますが、代表者はほとんどが男性で、女性は私しかいないのではないかと思うほど珍しいです。

だからなのか、弊社にご相談に訪れる方々から、「探偵社ってとっつきにくいというイメージがありましたけど、女性社長だから安心できました」と言われることが多くあります。

今日も探偵たちは人知れず調査にまい進し、現場で汗を流しています。本書を通して、探偵について理解を深め、もっと身近な存在として知っていただければ、私にとってそれ以上の幸せはありません。

二〇二〇年二月

総合探偵社　株式会社ＭＲ　代表取締役社長　岡田真弓

探偵の現場　目次

解説　鈴木光司　228

第一章　不倫する人の末路

行き着く先は天国か地獄か　予測不能な意外な末路

「事実は小説よりも奇なり」と言われますが、二〇〇三年に探偵社を設立してから、約二十六万件もの「不倫調査」の相談を受けてまいり、その間、数多くの信じられない事案に接してきました。中でも印象的だったのは、不倫の発覚によってすべてを失い、名誉も人望も社会的信頼も地に落ちてしまい、絶望の淵《ふち》に立たされた人、一方、不倫の事実を受け入れ、逆に夫婦間の理解が深まって円満になった人など、時折こちらの予想をはるかに上回る末路に遭遇しました。

一口に「不倫」と言っても、男女の愛憎の複雑さは、答えのない迷路のようなものです。男と女の数だけ、千差万別。怒り、嫉妬《しっと》、恨み、悲しみ、憤り……など、様々な感情が渦巻き、一つとして同じものはありませんでした。

そこでまずは、私が今までに探偵の立場から目撃してきた、不倫をめぐる壮絶な末路の数々をご紹介したいと思います。

①　幸せは幻想？　夫と愛人六人の末路

依頼者は40代後半の専業主婦、サワコさん。初めて面会した時は、洗練された装いで礼儀正しく、一言で表現するならば、「品行方正な山の手の奥様」風の女性だった。夫とは職場恋愛で20数年前に結婚し、以来、三人の子供たちにも恵まれ、ごく平凡ながら幸せな家庭生活を営んできたという。

経営コンサルティング会社に勤める夫は、いわば典型的な仕事人間。家事や育児は妻に任せっぱなし。ただしきっちり稼いでくるから「文句は言うな」というタイプ。確かに収入も良く、生活に困ることは皆無であり、年に一度は家族で海外旅行に行く余裕もあったが、夫はそんなイベントに同行したことはほとんどなかった。

平日の帰りはほぼ午前様。出張も多く、三日も四日も「地方出張」で帰ってこないことも少なくなかった。そんな夫の行状に、さすがのサワコさんも「おかしい」と感じ、その気持ちは日々少しずつ膨らんで、ついに探偵に相談する決意を固めたというのだった。

さらに話を聞いて驚いたのは、サワコさんの心に芽生えた疑心は、実は結婚を前提に交際している頃からだったというのである。

「この20年間、ずっと頭に引っかかっていたことがあるんです。夫と結婚するとき、同僚の皆から『大丈夫なの？』と心配され、夫には私以外の女性がいると忠告されたのです。私以外、会社の皆が知る公然の秘密だと分かり、思い切って夫に尋ねました。すると、

『君と付き合う前の彼女のことを言っているのだろう。もう別れたから』と言うので、私はその言葉を信用して結婚したんです」

しかし、サワコさんの心には、ずっと夫への微《かす》かな疑いが拭《ぬぐ》い去れないまま残されていた。今では、夫の普段の行動すべてが不審に思え、信じようと思っても、もう元には戻れなかった。それならば自分が安心するために事実を調査して、客観的に白黒決着をつけたい。できれば疑いがすべて思い過ごしで、逆に不倫の証拠が出ずに、夫の潔白が証明されることを願っているようにも感じられた。

しかし、ヒアリングをした私の感触は「完全なるクロ」。

徹底した調査をすることになったのだが、この後、百戦錬磨の探偵たちも夫の大胆不敵な行動を前に、愕然《がくぜん》とするしかなかった。

―半年の調査の末に判明した事実―

結果から言うと、夫にはなんと六人もの愛人がいることが判明した。一人目は結婚前から交際してきた20年来の愛人。年齢は50歳前後で、洋服や化粧が派手目の女性だった。週に一度ほどのペースで愛人宅を訪れ、夫が来る日には、恐らく手料理を振舞うのだろう、いそいそとスーパーで材料を買ってから帰宅していた。この愛人こそが、結婚前、周囲から忠告を受けていた女性だったのではないか。

愛人はそれだけではない。夫は学生時代に合唱部に所属し、現在も忙しい合間を縫って、社会人のコーラスサークルに通っている。そのサークルに二人の愛人がいることも判明した。一人は40代の独身ＯＬ、もう一人は30代の既婚者であった。

サークルの練習が終わると、二人のうちどちらかと一緒に練習場所を後にするのが習慣となっていた。いわばセフレのような間柄で、二人の女性も納得の関係のようだった。コーラスの練習の後は、ラブホテルに入るのがお決まりのコース。夫と愛人が腕を組んで、ラブホテルに入る瞬間を、弊社の探偵がばっちりとカメラにおさめることができた。

他にも、夫には風俗嬢の愛人が三人いた。関係がどれくらいの期間、継続しているのかは不明だが、風俗嬢はいずれも20代なので、他の愛人たちに比べて交際は短い間だと思われる。こちらはお店に行く場合もあったが、主に外で会い、やはりラブホテルに直行する。時には買い物に付き合うこともあり、支払いはすべて夫が行っていた。

それにしても夫の愛人たちは年代も容姿のタイプも様々だったが、合計六人もの愛人がいたのである。そのあくなき絶倫ぶりには、男性探偵たちも信じられないと驚嘆の声を上げていた。

さらに、サワコさんが全く知らない事実も詳《つまび》らかになった。

実は夫は隠し財産として、二棟のマンションを所有していたのである。たくさんの愛人を持つには、当然、お金が必要だ。そのために夫はせっせと投資して、利ざやでさらに投資し、二棟のマンションを持つまでになったのである。愛人と隠し財産、そのどちらも妻であるサワコさんは把握していなかったどころか、想像さえもしていない事実だった。

結婚生活20年の間でこれだけの秘密がバレなかったのは、サワコさんの人の良さと、夫の口の上手《うま》さゆえであった。

調査結果を伝えるとサワコさんは、声にならない唸《うな》りのような小さな悲鳴を上げ、突然、堰《せき》を切ったように泣き崩れた。

「もしかしたらと思ってはいましたが、まさかここまでとは……。信じていた私がバカだったんでしょうか？」

ショックが大きかったのであろう、サワコさんは相談室のテーブルに突っ伏し、嗚咽《おえつ》してしばらく立ち上がれなかった。

夫が不倫していたという事実、それも六人も愛人がいるとは。受け入れがたいのも無理はない。表面的には幸せそうな家庭のはずが、一皮むけば夫は不倫三昧《ざんまい》で、妻に愛情のかけらもなかったのではないか。青天の霹靂《へきれき》とは、まさにこのようなことを言うのであろう。

最初、サワコさんは泣いてばかりいたが、調査結果について説明を聞いているうち、だんだんと正気を取り戻していったようだった。そしてようやく冷静になったのか、はっきりと私たちにこう話した。

「私は騙《だま》され続けていたんですね。こんなひどい仕打ちをされるなんて、絶対に夫を許しません。夫と同じお墓に入りたくないです」

私も同じ女性としてサワコさんの気持ちはよく分かる。心の底から信じ愛していた人に徹頭徹尾裏切られていた事実をつきつけられて、絶望しない方がおかしい。

私は離婚の際には、今回の調査結果が確固たる不貞の証拠となり、恐らく有利に働くであろうこと告げ、場合によっては優秀な弁護士さんを紹介するつもりだった。

ところが、「離婚」という言葉が飛び出したことで、サワコさんの顔に一瞬とまどいの表情が浮かんだのを私は見逃さなかった。

これからどうするのか、現実は辛《つら》い選択を迫っている。

―サワコさんの選択―

それから数カ月して、サワコさんから連絡が入った。自分の気持ちの踏ん切りがついて、離婚を前提とした別居生活に入ったというのだ。

私たちの探偵の仕事は、すでに終了しているものの、それで終わりというわけにはいかない。ともかく最後まで依頼者の味方でありたいというのが、私の信念だった。優秀な弁護士さんを紹介し、離婚調停へ進むための相談を受け、証拠の数々も明確な報告書として提出する段取りも整えた。

突然の別居を経てから裁判所への出廷、弁護士さんからの連絡、そして調停と夫にとっては、何が何やら分からぬままに離婚させられてしまったような感じだったのではないか。それだけ準備を整え一気呵成《いっきかせい》に進めていったのである。

調停では夫の乱脈な女性関係が明らかとなり、調停員の方々も、これにはドン引きしたらしく、夫に反論の余地はなかったようだ。

サワコさんは、慰謝料と財産分与として、夫所有の二棟のマンションをそっくりそのまま譲り受けることになった。さらに不倫相手の女性の内、結婚前から交際していた女性には200万円、コーラスサークルの女性二人に100万円ずつ損害賠償請求を行った。

交際期間の長い彼女はあっさり応じたが、コーラスサークルの女性には泣きつかれ、半分の金額で手を打ったという。

これで一応の決着を見たのだが、私は一抹の心配事があった。20年も共に暮らしてきた夫と別れて、サワコさんは後悔しているのではないか。そして全財産を失ってしまった夫に同情してマンションを返すなどと言うのではないか。

しかし、そんな私の心配は杞憂《きゆう》に終わったのである。

「岡田《おかだ》さん、今私、三つ目のマンションを買おうと思ってるんです。不動産投資って、面白いですね。実は不動産投資会社の担当者、イケメンなんですよ……ウフフ」

私はサワコさんからの嬉々《きき》とした近況報告の電話を聞きつつ、心の中で「くれぐれも男には騙されませんように」と願わずにはいられなかった。

② 妻にSEXを求めない夫の末路

結婚して10年、年齢はすでに40歳を超えているのだが、丸顔でポッチャリしているためか、実年齢よりも幼く見える依頼者のキミヨさんは、初対面でも朗らかな笑顔を絶やさず、深刻な悩みを抱えているようには見えなかった。

しかし、来社して早々、私にきっぱりとこう言い切ったのである。

「夫は間違いなくゲイです。私とは偽装結婚だったのではないかと疑いを持っています」

聞けば夫とは親戚《しんせき》の紹介でお見合いをし、短い交際期間を経て結婚。交際中から夫は妻に触れようともせず、結婚後も現在に至るまで肉体関係はほとんどないという。

それならば、なぜ結婚しようと思ったのか。その答えを聞こうとする前に、キミヨさんのほうからこんな話をしてくれた。

「結婚する時は、夫は紳士的な公務員なので、親戚からもとても評判がよく、この人なら理想的な夫だと思いました。しかも見た目も学歴も、収入もとても良かったので、理想の男性だったんです」

キミヨさんはバージンではなかったが、男性経験も少なく、結婚前に体の関係を求めて来ない夫に「堅い人なのだ」と前向きにとらえていたという。晴れて夫婦になれば、彼も男なので当然、夫婦としての営みを行うに違いないと考えていた。

しかし、それはただの妻の思い込みでしかなかった。結婚式を挙げて、初夜を迎えても夫は指一本触れようともせず、一つ屋根の下で住むようになっても身体を求めてこない。

キミヨさんも、不安になって「夫婦なんだから、ちゃんと結ばれたい」と尋ねたところ、

「仕事が重なってね、忙しくて疲れているんだ」と言うのが常。

それでも新婚当時は、半年に一度程度、キミヨさんが求めると仕方なく応じたこともあったというが、それもどうやら中途半端に終わってしまい、今では皆無の状態となっているとか。そんなキミヨさんに追い打ちをかけるように、周りからは「お子さんはまだ？」と聞かれることが多くなり一人思い悩むようになっていた。

「子どもなんてできるはずがありません。そもそも子どもができることをしていないのですから」

夫から求められない原因がキミヨさん自身に魅力がないからなのかと思い、エステに通ったり、派手な下着も買って身に付けてみたり、いろいろ努力はしてみたのだが、すべて徒労に終わってしまったという。

妻は誰にも相談できず、悶々《もんもん》と悩んで眠れぬ夜を過ごしてきた。そのうち、夫が肉体関係を求めてこないのはおかしいと思い始め、いろいろ考えた末に行き着いた結論が、「夫はゲイだから女性の自分に関心がない」というものだ。

「夫がゲイだという証拠を取ってください」

と、キミヨさんは真剣な目つきで迫って来る。

客観的に見てもキミヨさんは、ポッチャリはしているが決して魅力がないタイプではない。むしろグラマーで笑顔が可愛い、男性ならSEXアピールを感じずにはいられない女性である。キミヨさんの悩みを聞けば聞くほど、なぜ夫は体の関係を持とうとしないのか、私は不思議でならなかった。「夫はゲイではないか説」は、確かに説得力のある答えではあるが、この段階では確証はない。探偵たちには、そうしたキミヨさんの疑いを説明しつつも、予断無き調査を冷静に遂行するよう命じ、すぐに夫の身辺に張り付くことになった。

—三カ月の調査の末に判明した事実—

調査を開始して二週間。ずっと夫を尾行していたのだが、仕事が終われば自宅へ直行。たまに同僚と飲みにでかけることはあっても、怪しい点は皆無であった。もちろん、特定の愛人や風俗通いも無い。

「もしかしたら、完全なシロか？」

探偵たちの間で、そんな思いを共有するようになっていった、ある日のこと。仕事終わりを張り込んでいた探偵は、いつもと違う行動に「おやっ？」と感じたという。帰宅する方向が違うのだ。一定の距離を保ちながら尾行したところ、なんと夫は新宿《しんじゅく》二丁目のゲイバーへ入っていった。しかもたった一人で。

何喰《なにく》わぬ顔で探偵も入っていくと、夫はカウンターに腰掛け、お店のママ（と言っても男性であるが）と親しげに話していたのだ。誰が見てもお店の常連であるのは間違いない様子。その夜は、バーで二時間ほど過ごし、帰っていった。

以後、調査を行った二カ月の間、お店には数回顔を出していたが、男性との接触は確認できず。もちろん女性と会うこともなく、行動としては極めて真面目だった。バーでは酔っぱらわない程度にカクテルを飲み、飲みすぎてへべれけになることもない。

同性愛者が集まることで有名な新宿二丁目に出入りしているだけで、ゲイである確証はついに出てこなかった。

そこで探偵は、常連として通うゲイバーのママに、それとなく夫について聞き込みを行ったところ、意外な事実を知ることになった。

「ああ、あの彼ね。あの人、とても悩んでいたわ。インポなんだって。だったらゲイになりなさいよって言ったんだけど、笑ってごまかされちゃったわ」

ついに衝撃の新事実をキャッチした瞬間だった。

10年の夫婦生活の中で妻と肉体関係がほとんどなかったのは、夫の勃起《ぼっき》不全が原因だったのだ。精神的なものなのか肉体的な疾患なのか、きちんと病院に行って治療すれば治るかもしれないのだが、恥ずかしさから一人悶々としているらしい。しかしゲイバーのママにだけは、唯一、そんな悩みを相談していたというのだ。

「私なんか、外見は男だけど心は女でしょ？　だからなのか下半身の悩みを打ち明けてもコンプレックスを感じなかったのかもね」

ママの言葉を具体的に書き添えた報告書を見せながら、キミヨさんに今回の調査結果を説明したところ、彼女はがっくり肩を落としてポツリとこう漏らした。

「そうですか、ゲイじゃなかったんですか……」

探偵社では夫の不倫調査を依頼され、実は男性と関係していたという結果は、割合よくあるケースだった。多くの妻が「夫は女性より男性が好き」だという現実を知ると、立ち直れないほどのショックを受けるのだが、今回のケースは全く逆のパターンだった。

キミヨさんは正常な夫婦の営みがある生活を望んでおり、もし夫がゲイだったら、それを理由に離婚を迫ろうとしていたらしい。一連の調査結果を聞き終えた時、キミヨさんは何かを悟ったように、こう答えた。

「そうですか、分かりました」

結婚生活には、様々な形があってしかるべきだと思うが、肉体関係を望む妻とそれに応《こた》えられない夫では、関係を維持するのは難しい。ただ今回は、きちんと治療すれば改善できる余地は残されているのだ。私は、夫のプライドを傷つけないよう治療することを促してはどうかと提案したのだが、キミヨさんの反応はいまひとつだった。

―キミヨさんの選択―

アフターケアとして連絡している中で、キミヨさんから私宛にメールが届いた。弊社では、調査を行った人へのサービスとして、調査後も相談を受け付けている。

それによれば、調査結果を聞いてから即座に離婚調停を開始したところ、夫は離婚を待っていたかのようにすぐに承諾してくれたという。夫にとってもSEXのない夫婦生活が、重荷になっていたのかもしれない。お互いにとって、ここから再スタートを切る方が、最善の選択だったのだろう。

それからしばらくして、キミヨさんは別の男性と再婚し、可愛い子供も授かったとの連絡を受けた。

「探偵社で調査したことが背中を押してくれました。次のステップに進むきっかけになったと思います。本当にありがとうございました」との内容だった。

探偵社ではいろんな人たちの人生模様に触れる機会に遭遇する。このケースは不倫ではなく、依頼者が求めていた結果を出せたわけではないのだが、真実を明らかにすることができた。これからの未来設計と照らし合わせ、探偵社の調査が、その助けとなったならば、夫婦それぞれにとって、良き道標《みちしるべ》としての役割を果たせたのではないか。

探偵の調査が幸せの第一歩になることを、これからも目指していこうと誓った案件だった。

③ 妻の積もりに積もった、夫への恨み辛みの末路

依頼者は60代の主婦、ナツミさん。肌に刻まれたシワとやつれた印象から、実際の年齢よりも上に見え、ぱっと見では70代に見えるほど、彼女の人生は夫に翻弄《ほんろう》され続けてきたという。

「20代の頃から夫の不倫に悩まされて、苦労してきました。いつか浮気の証拠を摑《つか》んで離婚してやろうと、ただそれだけを生き甲斐《がい》にしてきました」

最初に連絡があった時から、「夫の浮気調査をお願いしたい」とナツミさんは明確に話

していた。実はこういったケースは意外に少ない。夫が不倫しているのではないかと疑いを持っていても、まずは相談をしてから調査依頼を決断するのが通常のパターンである。しかし、ナツミさんは始めから調査を依頼しようと、固い決意を持ってやって来た。それだけ積もりに積もった忸怩《じくじ》たる感情があったのだろう。

私はナツミさんの話を聞きながら、これまで重ねてきた歳月の苦しみや悲しみが伝わってくるようで胸が痛くなった。

「これまで夫の不倫が分かっていても、子どものためにと目を瞑《つぶ》り、我慢に我慢を重ねてきました。手塩にかけてきた子どもたちも独立し、お金にゆとりができた今こそ、離婚して復讐《ふくしゅう》してやりたい」

私は「離婚して復讐してやりたい」という言葉を聞き、それはナツミさんの紛れもない本音であろうと思った。そして、ナツミさん曰《いわ》く、現在、夫は会社を定年退職し、いわば毎日が日曜日であるはずなのに、未《いま》だ女性の影が付きまとうというのだ。

「会社を辞めて用事がないはずなのに、夫は何時間か出掛けることがよくあります。女性に会って、また不倫しているに違いありません。早く調査をお願いします」

と、即決で依頼が決まった。何年も前からこの日のために準備して、不倫調査のための費用も貯めてきた。ナツミさんの苦渋の思いを晴らすためにも、夫の不倫の証拠を摑むのだと、私と探偵たちは心を一つにして調査を始めることになった。

―二カ月の調査の末に判明した事実―

常日頃から探偵たちが調査によって目にするのは、真実である。それは、時として依頼者の予想や願望からかけ離れてしまうことがある。

連日、探偵たちが夫の素行を調査し、どこの誰と会っているのかも一瞬の隙も無いよう徹底的にマークした。夫はスラリとして背が高く、上品な老紳士風でスポーツマンタイプ。外見からすると、女性にモテてきたのも納得できた。探偵たちは愛人との接触を想定し、夫の外出時には必ず尾行した。

調査を始めて二カ月後、夫の身近に女性の影はなく、ナツミさんが怪しいと話していた、「何時間か出掛けている」のは近所を散歩しているだけであった。女性との接触は、その散歩中にご近所の人たちと挨拶《あいさつ》を交わす程度。つまり、ナツミさんが望んでいることと、全く逆の事実が明らかになったのである。

それでも真実は真実。現実をきちんと見つめることが大切である。私はナツミさんのまなざしをしっかり受け止めながら、この段階で完全なる潔白であるとの調査結果を伝えた。するとナツミさんは、よほど悔しかったのだろう。私に八つ当たりのような罵声《ばせい》を浴びせてきたのである。

「あなたたち、それでも探偵のプロなの！　いい加減な調査でお茶を濁そうなんて、そうはいかないわ！　夫に女がいるのは、分かっているんだから！　じゃないと、私が耐え忍んできたこの40年間はどうなるの!?」

妻は予想外の調査結果に、頭の中が混乱しているように見えた。思うような結果が出ずに、その悔しい思いを私たちにぶつけたい気持ちは痛いほどわかる。私は、ナツミさんが気の毒でならず、反論することさえできないでいた。

しかし、これで終わりではこちらとしてもすっきりしない。そこで、私は、こんな提案をナツミさんに申し入れた。

「しばらくの間、ご主人の様子を見ていただいて、また不倫の疑いが出てきた時に、もう一度調査を入れてはいかがでしょうか？」

しかし、ナツミさんにとっては保険のようなもので、すでにこの時から依頼する気満々であった。

案の定、数カ月後、再びナツミさんから浮気調査の依頼があった。

「私が同窓会で一泊する予定なので、その時を狙って夫は愛人と会うに違いありません。尾行をお願いします」

と、今度は不倫する可能性が高い日にちを指定してきた。またある時は、ゴルフだと言って夫が一日出掛けた時の動向を調べてほしいと連絡が入り、急きょ探偵たちが現場に駆け付けた。他にもピンポイントで狙って、探偵たちが張り込み、愛人との接触を待った。だが、その度に結果はシロだった。

度重なる緊急の依頼に探偵たちもいささか疲弊していたが、ここでできないとは言えない。こちらも探偵としての意地があった。

そして、最初の調査から半年ほど経った頃、ナツミさんが友達と一週間ほど海外旅行に行くので、その期間を狙って浮気をするに違いないと調査を依頼して来た。無駄足に終わると分かってはいたが、依頼者との約束は必ず履行するのが我が社のモットーである。

妻のいない間、探偵たちは調査対象者の夫に24時間態勢で密着。すると張り込みから三日目、いつになくおしゃれをして、夫が家を後にしたのである。探偵たちがすぐさまその後を追い掛けたところ、なんと銀座《ぎんざ》の喫茶店で妙齢のご婦人と待ち合わせているではないか。

ついにその瞬間をキャッチできたか。

やがて二人は、銀座のレストランで食事をし、その後、信じられないことだが妻のいない自宅に女性を連れ込んだのである。ご婦人が帰ったのは、翌日の朝だった。

探偵たちは、その一部始終をカメラに収めていた。

すっかりシロだと思っていた私も、この結末に驚きを通り越し、まだまだ真実を見通せない自分を恥じた。

―ナツミさんの選択―

後日、私からの連絡を受けて、嬉々として当探偵社に訪れたナツミさん。ようやく不倫の証拠を摑めたことで本当に嬉《うれ》しそうだった。何はともあれ、早速、状況について説明し、映像を見ていただくことになった。

大型のモニター画面に現れた夫のおしゃれな恰好《かっこう》に、ナツミさんは「まあ憎ったらしい！」と、叫んで怒りを露《あらわ》にした。ところが問題の女性に親しげに話し掛ける様子や、自宅へ入る瞬間の鮮明な映像を目の当たりにして、ナツミさんの表情は、どこか落胆にも似た様子に変わっていった。

私は、夫の不倫がはっきりし現実のものとなったことで、本当は傷ついてしまったのではないかとナツミさんの心を慮《おもんぱか》った。

しかし、証拠映像のすべてを見終わって、ナツミさんが告げたのは……。

「……これは、嫁いでいるうちの娘です。私の留守中、時間があったら夫の様子をチェックするよう言っていたんです」

と指摘され、私も調査した探偵も言葉もなく呆然《ぼうぜん》とするしかなかった。しばし、相談室は静まり返り、ナツミさんもまた何をどう言っていいのか、言葉を探していたような気がする。

そして——

「みなさん本当にご苦労様でした。私のわがままで振り回してしまったみたいね。岡田さんもありがとう。ごめんなさいね……」

これでまた振り出しに戻ってしまうのか、また文句を言われるのかと、戦々恐々としていた私だったが、ナツミさんのさっきまでの憤慨した表情はやわらぎ、優しい顔になってこう話し出した。

「若い頃ならいざ知らず、夫ももう歳ですし、女性関係はどうやら卒業したようね。今回は、そのことがはっきりしただけでも救いよね」

あれほど怒りに震え、積もりに積もった恨みを吐き出していたナツミさんも、憑《つ》き物が落ちたように心の底から納得したようだった。弊社を後に帰途に就いたナツミさんの後ろ姿を、私はいつまでも見送りながら、これからは夫婦仲良く、まだまだ長い余生を充実させていって欲しいと願わずにはいられなかった。

④ とんでもない女に引っ掛かった不倫夫の末路

依頼者は女性お笑いタレントに似た、40代のふくよかな人妻・セツコさん。夫と結婚して10年あまり、可愛い子供に恵まれて絵に描いたような幸せな家庭を築くことができ、自分でも良妻賢母と言われるように努めてきたという。これ以上望むものはもう何もないと思っていた矢先、思いがけず、夫の不倫疑惑が浮上した。

夫がお風呂《ふろ》に入っている間に何気なく携帯を見たところ、LINEで女性からのラブラブなメッセージが届いていたのである。

「ホテルのレストランで食事し、部屋で激しく愛し合ってとても満足した……というメッセージが送られていました。私は信じられず、ただただショックで、その夜は気分が悪いと言って、寝込んでしまいました。私は毎日、一円でも節約して家計も切り詰めていて、豪華な食事など夫が連れて行ってくれたこともありません。それなのに夫は……。これまで築き上げた幸せが音を立てて崩れ落ちていきました」

と、セツコさんは目を伏せた。優しい夫と結婚して、子育てにまい進する毎日は、依頼者が憧《あこが》れてきた理想の家庭像だったのであろう。不倫調査を行うことに、当初、セツコさんは「妻としてふさわしい行動か否か」とかなり躊躇《ちゆうちよ》していたという。しかし、このまま夫の行動を見過ごしていれば、家庭崩壊の危険にさらされるかもしれない。

セツコさんは、夫に送られたLINEメッセージをスマホのカメラで撮影していたため、その文面を私も見ることができた。そこには、こちらが恥ずかしくなってしまうほど、赤裸々な表現でなまめかしいやり取りが残されていた。

それを読んだ私は、「この女性は危険ではないか」とピンとくるものがあった。夫の不倫が一時のお遊びならさほど深刻にとらえる必要はないが、相手が悪質な場合は特に早目に処置するに限る。それは探偵社を開業してから数々の案件に接することで、身にしみて感じてきたことだった。

「まずは数日だけでも調査してみましょう」

という提案に、セツコさんも賛同してくれたので、早速、調査を開始することになった。

すると、私の予感通り、そこには思いもよらなかった壮絶な展開が待っていた。

—半年の調査の末に判明した事実—

夫と不倫相手との接触は、すぐに現場を押さえることができた。相手も妻のセツコさんと同じ40代で、見た目は髪が長くミニスカートでお色気ムンムンという感じだった。不倫相手の女は、夫と一緒にいる時は、やけに甲斐甲斐しく接していた。

その時の映像を撮影することができたが、女の様子からこれは危険な人物ではないかと探偵たちもすぐに感じたという。

不倫相手の女は、一体どんな人物なのか。まずはそこから明らかにしようと、探偵たちが聞き込み調査を行ったところ、なんと結婚・離婚を七回も繰り返していることが判明。しかも、いずれの結婚相手でもない、別の男性との子供がいることも分かった。その経歴からしても尋常な女ではない。調査を進めていく中で、この女と過去に結婚していた元夫の一人を探し出し、話を聞くことができた。すると、彼もまた散々な目に遭っていたというのだ。

知り合ったきっかけはお見合いサイト。最初のドライブデートの時、いきなり車の中で女性から迫られて体の関係を持ち、天にも昇る気持ちになって言われるがままに結婚したという。それほど夜のテクニックはすさまじく、毎日こんないい気持ちになれるならと結婚したらしいのだ。

しかし、結婚した途端、女は豹変《ひょうへん》した。一緒に暮らす元夫の母に納屋で暮らすよう命じ、一家のお金はすべて女が牛耳るようになった。日に日に憔悴《しょうすい》していく母に、元夫が耐えられなくなり離婚して欲しいと切り出すと、女はヒステリックに暴れまくったという。毎日狂暴で自分勝手な女に振り回され、元夫は精神的に限界まで追い詰められてしまった。再び恐る恐る離婚を切り出すと、女は待ってましたとばかりに、離婚する条件として5千万円を要求。元夫は先祖代々の土地を売り払い、要求されるまま現金5千万円を女に渡し離婚できたという。

「常識なんか通用しないとんでもない女です。あの女は金だけが目的なんですよ。関わりを持っただけで、私は人生をめちゃくちゃにされました」

私の直感通り、不倫相手の女は、問題だらけの要注意人物だったのだ。

数日の調査で女の悪行を裏付ける証拠を、かなり多数入手することができた。しかも、一般的な不倫でなく、相手はかなりのいわくつきである。

私は、結果報告の際には、依頼者のセツコさんだけでなく夫も呼んで真実をつきつけた方がいいのではないかと提案。

セツコさんも賛同し、勇気を出して、「ちょっと、ある人と相談したいことがある」と言ってもらい、夫も一緒にやってくることになった。もちろん、何の相談なのかは詳しく話さずに、子どもの進学のことだとごまかしていたようだった。

しかし、真実を知って夫が目を覚ませばよいのだが、不倫相手の女に完全に入れあげている場合は、何を言っても聞く余地はないであろう。今回は女がかなりの曲者《くせもの》だけに、そのあたりも十分見極める必要があった。

弊社へやってきた夫は、探偵社の看板を見て訝《いぶか》しげな表情であったが、ここまでくればこっちのものである。相談室に通し、「実は……」と切り出した。

セツコさんも、すでに腹をくくっているらしく、私の説明に対して堂々と言葉を補足してくれた。私と探偵たちは、夫が付き合っている不倫相手が、驚くべき人物であることを元夫の証言も交え、さらに裏付けとなる客観的証拠も見せて報告していった。

しかし、夫の反応は頑《かたく》なだった。

「彼女はそんな女じゃない！　何かの間違いだ！」

と、夫から出てきた言葉は、不倫相手の擁護だった。元夫の証言についても、頑として信じようとしなかったが、さすがに七回の結婚・離婚はまったく知らされておらず、その証拠を見る手は小刻みに震えていた。

「……すぐには受け止められない。私が直接聞いて、それから妻とのことを話し合いたいと思います。離婚するにしても責任はちゃんととりますから」

夫は実に理性的だった。客観的な証拠から見えてくる確かな真実と、女への断ち切れない未練の狭間《はざま》で揺れ動く心の葛藤《かっとう》が、その顔にはっきりと浮かんでいた。セツコさんは、夫の態度に動揺していたようだったが、ここまできたら最後まで戦う覚悟も同時に感じられた。

夫は女と直接会って話すというので、隠しマイクを取り付けさせて欲しいと頼んだところ、快くＯＫしてくれた。事態は、いよいよ最終章を迎えつつあった。

その日の内に女に連絡をとり、二人がよく知るファミリーレストランで落ち合うことになった。探偵たちも夫から離れた場所に散らばって待機し、様子を見守ることになった。

妻のセツコさんは、私と一緒に駐車場の車の中で、隠しマイクの音声を聞きながら待っていた。

約束の時間、女が店内に現れ、さも久し振りの逢瀬《おうせ》だと言わんばかりの態度で、夫の向かい側の席ではなく、ピッタリとくっついて耳元で何やらささやきだしたのである。

「もうあなたが欲しくって一分も我慢できない」「今夜は帰さないわ」「いつものように好きにしていいのよ、今夜も……」

聞くに堪えない言葉が次々に飛び出す。私とセツコさんは、車の中で女の言葉を聞きながら、呆《あき》れてため息ばかりついていた。それにしても男を骨抜きにするテクニックの巧みさは、どこで覚えたのだろう。それとも天性のものなのだろうか。

ともあれ女は、しばらく挨拶代わりの卑猥《ひわい》な言葉を夫に投げかけていたが、彼は少しも動じず、いきなりこう切り出した。

「七回も結婚・離婚しているというのはホントなのか？」

突然の思いがけない問いかけである。女は一瞬驚いたようだったが、夫のただならぬ様子を感じ取ったのか、手を引っ張って店を飛び出していった。二人の様子を注視していた探偵たちも後に続き追いかけた。二人の姿を発見したのは、なんと、なぜか無人の交番だった。

それほど明るくはない蛍光灯の下で、やおら女は洋服を脱ぎ捨て全裸になり、夫にSEXを求めていたのである。何を意図して、こんな行動に出たのか誰も理解できなかった。

もしこの瞬間に警官がやってきたとしたら、いろいろ事情を聞かれるだけならまだしも、何らかの罪に問われる可能性すらある。さすがにこの行動に夫もドン引きし、絡みつく裸の女の腕をむしりとって、無言で交番を後にするのだった。追いすがる女は絶叫し夫を引き留めようとするのだか、夫は振り向きもせず急ぎ足で夜陰に紛れていった。

―セツコさん夫婦の末路―

その夜遅く、妻のセツコさんと夫の話し合いの場が設けられた。

夫は女の本性が分かったらしく、交番での出来事をこう話してくれた。

「彼女は交番で裸になって、私に抱き着いてきました。あれは行為の最中、警官に目撃させレイプされたと訴えようとしているんだとピンときました。これまでにもおかしいと思うことは沢山ありましたけど、欲望に負け、ずるずると関係していいんです。でもはっきり分かりました。この女といたら殺されるかもしれないと」

その後、夫には愛人が受取人となる多額の生命保険がかけられていたことも判明した。不倫調査を行っていると、時折あくどい手口で男を籠絡《ろうらく》し、金を要求する女性にハマっている事例を目撃することがある。このような時は依頼者と夫が気の毒でならないが、深みにはまって大怪我をする前に早く気づかせてあげることが大切だと痛感している。今回はその最たる例だった。幸せな家庭を突然襲った、根っからの悪女。運が悪かっただけなのか、それとも引っ掛かった夫が悪いのか。

今回の案件では、弁護士を通じて愛人に、不貞行為への損害請求はしないかわりに、今後一切会わないことを誓約させた。すべてが落着した後、セツコさんから夫が改心し謝罪した旨の連絡を受け取ったのである。

「すべて僕が悪かったので、許してほしい。お前と子どもたちともう一度、一から出直して裏切っていた分、もっと幸せにしたい」

と、頭を下げてくれたという。

セツコさんは裏切られた経験をしても、安易に離婚を選択せずに夫を信じ続けた結果、幸せを摑んだのだ。

これでもう夫は一生、セツコさんに頭が上がらないだろう。それもまた妻の賢い戦略なのかもしれない。

⑤ フィリピン女性に入れあげ絶望した夫の末路

依頼者は都内に暮らす、資産家の妻・マサコさん40歳。ロングヘアでスタイルも良く、大きなサングラスをかけて探偵社を訪れた姿はまさにモデルか芸能人。話を聞いて専業主婦だと分かったが、19歳の時に夫とお見合い結婚したために、社会人として働いた経験がないという。喋《しゃべ》り方もおっとりとして、実家もかなり資産家だったことから、それまで何不自由なく育ったお嬢様であった。

「私は幼稚園から短大まで、一貫教育の女子校に通っていました。親が厳しくて、典型的な優等生でしたからね。夫が交際した初めての男性だったんです」

と、依頼者はゆっくりと経緯を語り始めた。初めてのお見合いで美貌《びぼう》が見初められ、また両親も太鼓判を押すほどの良家の子息だったこともあり、愛情よりも家同士で決められた結婚であった。

そんな苦労知らずのお嬢様のマサコさんが、探偵社に来たのはよほどの覚悟があってのことだろう。言葉を選びながら訥々《とつとつ》と、夫の不倫に関して話し始めたのである。

「私は二人の子どもたちを立派に育て、夫の親も大切にして、ずっと家庭のために尽くしてきました。なのに、なのに……」

人生は、時として過酷な試練を与えるものだ。何不自由のない暮らしだったはずが、ある日突然、不幸のどん底に落とされることだってある。依頼者の場合も、まさにそうであった。

「ここ一年、急に夫の帰りが遅くなり、土日もゴルフだと言って出掛けてしまいます。もしかしたら浮気しているのではないか、という思いがよぎるようになりました。そんなはずはないと自分の中で打ち消しても、疑いはどんどん膨らんでいったんです……」

かつてのお友達に相談しても、同じお嬢様学校で育ったせいか、皆さん人を疑うことを知らない。しかも、未だに妻たるもの夫の三歩後ろを歩いて、出しゃばらず、自己主張せず、良妻賢母の道を歩むべきだと意見されてしまったとか。バリバリ社会に出て働く女性がいる一方、上流階級と言われる層の人々の中には、旧態依然とした保守的な考えも根強く残っている。

マサコさんは、「もう身近な人には相談できない」と感じて、弊社に連絡してきたのだという。

といっても彼女は、これまで一度も夫への疑いを直接問いただしたことはない。面と向かって疑惑をぶつけても、夫は妻のマサコさんを何も知らないお嬢様と思い、なんだかんだと言いくるめてしまうのが目に見えていたからだった。

中小企業ながら三代続く老舗《しにせ》メーカーの社長だった夫は、確かに仕事も多忙ではあったが、それを隠れ蓑《みの》にしているとマサコさんは感じていた。しかし、専業主婦の悲しさか、はたまた社会人経験の無さによるものか、夫の不倫相手が一体どんな女性なのかさえ見当がつかないでいた。今回の案件は、彼女の人生にとって初めて出会った想定外の大問題だったのだろう。解決する術《すべ》も知恵も、ましてや経験もない。

私は、これをきっかけに、自らの考えを堂々と主張できる自立心を得て欲しいと感じていた。探偵たちにも、そうした思いを胸に調査をするよう指示し、綿密な計画を立て実践していくことになった。

―四カ月の調査の末に判明した事実―

不倫の証拠はすぐに取れた。

マサコさんが話していた通り、夫の帰宅が遅くなった原因は、愛人の存在だった。しかも愛人は、夫が常連になっている二軒のフィリピンパブの、それぞれに勤めるホステスだった。つまり二人のフィリピン人ホステスと付き合っていたのである。

週の前半にAというフィリピンパブを訪れ、そこに勤めるサブリナというホステスと酒を飲み、一緒に店を出てラブホテルで夜遅くまで過ごす。そして週の後半にはBというフィリピンパブにやって来て、今度はマリアというホステスと過ごし、帰りは同じようにラブホテルにしけこんでいた。

人目をはばかることなく、女たちと濃厚な不倫の時間を楽しんでいた夫は、よもや弊社の敏腕探偵たちに見張られているなど、夢にも思わなかっただろう。夫と愛人がホテルに出入りする決定的瞬間は、いとも簡単にビデオカメラに収めることができた。

さらに詳しい話を聞き出すため、夫がいない日を見計らい、当該フィリピンパブに潜入し愛人の一人サブリナと接触。チップをはずんだところ、彼女はすっかり機嫌を良くして夫との関係を詳細に話してくれた。その内容は驚くべきものだった。

なんと、夫は愛人へのお手当として、月50万円もの大金を現金で渡し、休日ともなると銀座の一流ジュエリーショップで、愛人にねだられるまま高額なダイヤの指輪を買い与えていたという。

「あの人、とってもお金持ちね。ワタシのダーリン、いっぱいお金くれるから大好きよ」

裏付けをとるため、後日、愛人と夫のデート現場を探偵が尾行。すると高級ブランド・ショップや老舗デパートを梯子《はしご》し、様々な商品を買い与えていることが判明した。しかも愛人らは、夫と別れると、それらのブランド品やジュエリー類を、御徒町《おかちまち》の買取センターに持って行って現金化していたのだ。なんともしたたかな女たちである。

今回は調査の結果、夫の不倫の証拠や愛人の証言なども入手でき、くまなく情報収集することができた。こうした事実をマサコさんに報告したところ、毎月のお手当50万円の数字を聞いたとたん、たちまち顔色が変わった。

「私は夫から生活費として、月に5万円しかもらっていません！　愛人の方が十倍も多いなんて、どういうことなんですか⁉」

と、普段はおっとりとしたお嬢様のマサコさんが、初めて見せた怒りの顔だった。マサコさんにとって、愛人が二人もいたことより、家族の生活費とお手当の金額差が許せないようだった。

―マサコさんの選択―

その後、事実を知ったマサコさんの両親が全面的に離婚を後押しし、有能な弁護士を雇って離婚調停を申請。すべてが白日の下にさらされては夫も観念するしかなかった。問題は慰謝料と財産分与である。話し合いの結果、結婚生活中に築き上げた財産は約2億円あまり。法的な財産分与である二分の一に加えて、慰謝料をもらった。財産は国債や株式証券、不動産が主な資産だったが、即座に現金化したという。

さらに愛人のホステスに対しても損害賠償請求裁判を起こしたが、彼女たちは強硬に抵抗。早々に帰国してしまった。

さらに夫は、こうした悪行が一族経営の会社幹部にも知られることとなり、先代社長であった父親からは、天を衝《つ》くほど激怒され会社を追われるハメに。財産の大半も、社会的地位も完全に失ってしまったのである。

それにしてもお嬢様育ちで社会人経験が一切ないマサコさんが、夫の不倫を知った途端、なぜ一転して強硬な態度を見せたのか、私なりに考えてみた。彼女はいわば何の不自由もなく社長夫人として、ちやほやされて暮らしてきた。しかし、そんな生活も、一皮むけば砂上の楼閣。夫は妻に対して愛情のかけらもなく平気で裏切り続け、しかも自分よりも愛人に湯水のごとく金を費やしていたのが、女として許せなかったのだろう。

お金で人をはかることは出来ないが、マサコさんにとっては、愛人より安く見られていたことが、逆鱗《げきりん》に触れたのではないだろうか。

現在、マサコさんは資産家の両親のもとで子どもたちとともに、悠々自適の日々を送っているという。

⑥ 探偵も驚いた！ 超やり手妻の驚愕末路

依頼者は結婚前に航空会社の国際線に勤務していた、元CAのヒロコさん。初対面の時からハキハキとして、お話も非常に論理的。頭の回転の速い、仕事ができる女性だった。

「調査はこの金額でお願いします。もし証拠が取れなくても、途中でストップしていただいて構いません。それ以上はする必要がないと、私は思っていますので」

と、支払える金額を明示し、自分の意思をはっきり伝えてきた。かなり合理的な考えの持ち主だった。

「私が自分で素人ながらリサーチしたところ、夫には半年前から愛人がいます。恐らく年齢は30歳前後かなと。なぜなら車に30代の女性に人気のミュージシャンのCDがありました。普段の夫の趣味ではないのでピンときたんです。この予想が当たれば、悔しいですが、私と同じくらいの年齢ということになりますね」

と、自分なりに夫の愛人について調査も行い、根拠のある予想も立てている。しかも、感情を交えずに冷静な分析に終始していて、これには探偵も舌を巻くほどだった。今回の依頼者であるヒロコさんは冷静沈着で、取り乱した様子が微塵《みじん》も感じられなかった。

「この女性はただ者ではない」

調査後に、私はそれをさらに納得することになった。

―二カ月の調査の末に判明した事実―

依頼者から不倫の証拠が取れる可能性が高い日時を教えてもらっていたので、ムダ打ちすることなく、取り掛かることができた。さらに調査の当日、「あと十分くらいで、夫が家を出ます。黒のポロシャツに、カーキ色の短パンを穿《は》き、黒いクロックスの靴を履いています」と、依頼者からメールが入り、夫を特定するのもスムーズだった。

夫が乗った電車に乗り、探偵二人態勢で尾行した。一人は同じ車両に乗り、もう一人の探偵は隣の車両でマークし、夫の行動を目で追いかけ見逃さないようにするのである。

やがて夫は途中のターミナル駅で電車を乗り換え、郊外の駅で降車。向かったのは、歩いて七〜八分ほどのところにあるマンションだった。

夫はエレベーターに乗り五階で降りた。恐らくこの階に愛人の部屋があると思われる。そして数時間後、夫が五階の一室、五〇三号室から出てきたのである。

「じゃあね、また来週来るから」

と、夫が玄関先から室内に向かって話すと、中からは……。

「またね」

と、愛人と思われる女性の声が聞こえた。落ち着いた声の印象から、ヒロコさんが予想したとおり、30歳前後の女性ではないかと探偵は推測したという。いずれにせよ、これで愛人宅は分かったが、部屋への出入りが確認できたのは夫一人である。部屋の中にいる愛人は姿を現していない。つまり、今回入手できたのは、夫がマンションの部屋を出入りする写真のみで、愛人との決定的な証拠となる写真を撮るにはもう少し調査を行う必要があった。

数日後、調査結果を伝えたところ、ヒロコさんは終始、淡々とした様子で聞いていた。

「今回、愛人宅は特定できましたが、証拠写真を撮るにはさらなる調査が必要です」

と、説明したところ、彼女はすぐにこう答えた。

「そうですか、今回はお世話になり、ありがとうございました。これで有利な条件で、夫と離婚できます」

ヒロコさんは、最初に言っていた通り、調査を延長しなかった。一般的に不倫の証拠写真が撮れていないと、夫と離婚を交渉するにはこちらのほうが不利になってしまう。私は心配になってそのことを説明したのだが、彼女は首を横に振った。

「大丈夫です。私に考えがありますから」

自信満々の彼女にどんな秘策があったのか、私はとても気になって定期的に連絡を入れていた。

―ヒロコさんの選択―

アフターケアとしてヒロコさんに連絡を入れたところ、こんなメールが届いたのである。

「調査後も、いろいろ御指南いただき感謝しております。この度、無事、協議離婚が成立いたしました」

そこには慰謝料・財産分与とも、満額以上を手に入れたと書かれていた。

「夫にはあたかも不倫の証拠写真が撮れているかのようにふるまい、離婚協議書を交わす際、慰謝料の金額を空欄にして、ここに書いてくれる金額によっては、私が持っている不倫の証拠をすべて差し上げますと迫ったのです」

なんと彼女はまるでポーカーのように夫の腹を探りつつ、大胆な賭《か》けに出たのだった。これが妻の用意周到に準備した駆け引きとも知らず、夫はまんまと思惑にはまり、空欄に最初は「2千万円」と書いた。

しかし、夫は上場会社の執行役員を務め、年収は3千万円もある。有価証券もかなりの額を所有していることをヒロコさんは知っていたので、こんなはした金で妥協するわけにはいかない。

「結婚式で仲人《なこうど》を務めてくれたあなたの会社の会長に、この決定的な不倫の証拠を持っていってもいいのよ。なんて言うかしらね……」

ヒロコさんは、夫の社内での人間関係や出世欲を十二分に承知しており、そこがつけ目だった。本当は大した証拠ではなかったが、さも重大な秘密を握っているように、ヒロコさんは巧みに言葉を並べていった。その話術でどんどん金額が吊《つ》り上がっていき、最後に夫は「5千万円」と書いたという。本当は証拠が取れていないことを知らずに……。

夫は自らの対外的な信頼を守ろうと金額を上げていき、ヒロコさんは最終的に決定的な証拠を持っていないにもかかわらず、離婚に際して慰謝料と財産分与として、合計5千万円を手に円満離婚に成功したのである。

夫は経済的に窮地に陥ったばかりか、彼の離婚の陰に愛人ありとの噂がまたたくまに流れ、それが原因かどうかは判然としないものの、スキャンダルに敏感な大手の上場企業だったことも手伝って、子会社へ出向させられてしまったのである。

この案件から私は、証拠が弱くても、やり方によっては効果的に活用できる場合があるという点を学ぶことができた。

しかし、これはあくまで特別な例である。通常の人には、言い逃れできない不貞の証拠をきっちり取ることをおスス メしたい。

⑦ 妻の破廉恥バイトで人生崩壊夫の末路

夫婦はお互いに何もかもを知っているように思えても、意外な秘密を隠していることもある。一つ屋根の下に暮らしているのだから、知らないことはないはずだと信じ込むのは危険だ。というのも探偵という職業は、夫婦の秘密を知るその瞬間を目の当たりにすることが多い。これもまさにその代表的な事例といえるであろう。

それは夫からの依頼だった。50代のいかにも真面目そうな風貌の、依頼者であるノブヒコさんは黒縁の眼鏡をかけ、きちんとネクタイを締めたサラリーマン。私たちを前に、思いつめた表情でこう話し始めた。

「実は、最近妻がいかがわしいアルバイトを始めたような節があるのです」

人妻の風俗アルバイトは今やそれほど珍しくはないが、夫が病気だったり、ギャンブルで借金を作ってしまったりなど、その裏にはやむにやまれぬ経済的事情が隠されているものだ。しかし、今回はそんな問題は浮かんでこない。

ノブヒコさんと妻との間には、18歳の息子がおり、反抗期もなく絵に描いたような仲のいい家庭だった。慎ましくも明るい家庭に、不審な出来事などあるはずがなかった。偶然、妻の手帳を見るまでは……。

それはある晩のことだった。妻がキッチンで夕飯の支度をしている時、ノブヒコさんはリビングのテーブルに、花柄の手帳があることに気づいた。その手帳を何気なく開くと、スケジュール表に小さな文字で時刻と、「昼顔女性」という名称が書かれていた。

「『昼顔女性』？　昼顔……昼顔……あっ!?」

と、ノブヒコさんの脳裏にあるお店の看板が浮かんだのである。それは営業でよく訪れる繁華街の雑居ビルに掲げられていた風俗店の名前と同じだった。

「もしかして、と思いました。うちの妻に限って、そんなはずはないのですが、疑い始めると悪い方にばかり考えがいってしまって。私は真実が知りたいのです。調査をお願いします」

と、ノブヒコさんは妻の手帳を見てしまった日の悪夢を思い起こし、苦しそうに目を伏せた。現在、妻の年齢は50歳だという。失礼ながら、そんな年齢で風俗店のニーズがあるのかどうか私は疑問だった。

早速、探偵たちを集め、調査の段取りを組むことになり、その席で私の疑問を問いかけてみたところ、探偵の一人がポツリと言ったのである。

「熟女って意外に人気あるんですよ。若い子と違って、お金じゃなく趣味で風俗に勤めている人が多く、サービスの本気度が違いますから……いや、これは熟女好きの友人に聞いた話ですよ。僕のことじゃないですから」

なるほど、若ければ良いというものではないということが、私の認識を新たにした。

―三カ月の調査の末に判明した事実―

妻の行動を24時間、調査したところ、やはりノブヒコさんの予想通り、週に三日ほど繁華街の風俗店で日中にアルバイトしていることが分かった。調査によって明らかになった、妻の行動は以下の通りだった。

朝七時過ぎ、家族で朝食を食べてから、夫と息子を送り出すと、掃除、洗濯と家事をこなし、午前十時に慌ただしく家を出る。外見は決して派手ではなく、どこにでもいる専業主婦のいで立ちで駅に向かった。ただ大きなサングラスとマスクで素顔を隠し、身バレしないように気を遣っているようだった。

繁華街の風俗店に着くと、夕方五時まで妻はずっと店内から出てこなかった。その間、多くの男性が店に出入りしていたので、ずっとアルバイトに精を出していたと思われる。勤務時間が終わると、平然と帰って行った。

夕方六時頃、自宅の駅近くのスーパーに立ち寄り、手際よく買い物を済ませ帰宅。夜七時頃、夫や息子が帰宅する頃には夕食の準備も整い、ベランダに干した洗濯物も取り込んで、妻は完璧《かんぺき》に主婦の顔に戻っていた。きっとそうした毎日をこれまで送ってきたのであろう。

その風俗店のＨＰには、女性たちの写真が掲載されていた。そこには、目元を隠しているものの、言われてみれば、ノブヒコさんの妻らしき女性の写真があった。この店のＨＰに出ている写真は50代の熟女ばかり。国内でも有名な熟女専門の風俗店らしい。

そこで熟女好きを思わず白状してしまった探偵が調査を行った。サービスの内容は、ここでは具体的に書くことが憚《はばか》られるが、どうやら本番は厳禁。ただし意気投合した場合は、その限りではないようだ。

後日、探偵が依頼者のノブヒコさんに、妻が働いている風俗店のサービスの内容を説明した。

「やはり、そうでしたか……」

と、そう心の底から絞り出すように話すノブヒコさんは、今にも泣き出しそうだった。

この春から息子は大学に通い始めたが、成績優秀だったため奨学金をもらうことができ、妻が経済的な理由からアルバイトをする要因は何も見当たらないそうだ。

妻は短大卒業後一般職の事務員として働きだし、26歳の時に今の夫であるノブヒコさんと知り合って結婚。その時、妻は処女だったが、次第に女としての体に目覚めていったという。もしかしたら、男性経験がノブヒコさんしかない妻は、ひそかにＳＥＸへの好奇心を抑えられなくなり、風俗店で働くことを決心したのではないかと私は考えていた。さらに他の大きな原因があるはずだと、私はこう切り出した。

「もしかして、夫婦の間でSEXがなく、奥さまは女性として満たされていなかったのではないですか？」

それは図星だった。妻とは息子ができてからずっとご無沙汰《ぶさた》で、いつしか体に触れることさえ、なくなったという。なぜSEXレスになったのかを質問すると、夫からはこんな答えが返ってきた。

「妻に欲情しないからです」

風俗店でのアルバイトは、長年にわたるSEXレスによる、妻の欲求不満が蓄積した結果だったのかもしれない。ここ数年、妻の不倫が急増しているが、その原因として挙げられるのがSEXレスである。意外に男性は女性にも性欲があることを知らない。しかも、その欲望を抑えられないと、不特定多数の男性と関係を持ち、男性以上に抜き差しならない状況を生じさせ、夫婦関係を根底から壊してしまうのだ。

今回の事案は、夫の心をズタズタに傷つけてしまったのかもしれない。この後、どのような決断を下すのかは、夫であるノブヒコさんの考え次第であるが、私はなんとかやり直しの道を探って欲しいと願っていた。

―ノブヒコさん夫婦の末路―

その後、アフターカウンセリングの一環で弊社のスタッフが連絡を入れたところ、結局、離婚の話し合いをすることになったという。聞けば、夫は風俗店で働いている事実を妻に告げ、それでもやり直しをしたいと話したのだが、妻は逆にほっとしたのか、離婚したいと申し出たのだった。

「私は良い妻でもなければ、家庭の幸せを求めるタイプでもないのがよく分かったの。これからは、心の中で抑えていた本当の自分がやりたいことをやって生きていきたい……」

結婚して平凡な家庭を営み、傍《はた》から見れば幸せな、どこにでもいる家庭の良き妻、良き母を演じることに、妻は疲れ果てていたようなのだ。風俗店でのアルバイトは、単なるきっかけにすぎず、そのことによって、一度しかない人生、自分の思う通りに生きるべきと考えた妻を、今さら引き留めることはできなかった。

夫婦の価値観がズレてしまっては、為《な》す術はない。幸い一人息子も大学生となって、物事を理解できる大人となっている。気の毒なのは夫のノブヒコさんであるが、これもまた運命。彼もまた自分自身の心の声に耳を傾け、後悔のない人生を歩んで欲しいものだ。

これまで私が見てきた、不倫をめぐる夫婦の実話の数々、いかがでしたでしょうか？ともすれば不倫や浮気など、他人事のように感じている読者の方もいらっしゃると思いますが、本文に登場した人々も、探偵が介在するほどの大ごとになろうとは誰も想像すらしていませんでした。

「悪事、千里を走る」のたとえのごとく、不倫もまた、いつかは発覚するものですから、その時のためにどう処するのかを想像しつつ、実際の案件を参考にして、不倫の誘惑から遠ざかっていただければ幸いです。

夫婦の数だけ、愛の形があります。調査して不倫の事実が明らかになった時、人生においてどのような選択をするかは、その人次第です。

しかし、不倫は地位も名誉も財産も、そして大切な家族さえも失い、家族や親類からは怨嗟《えんさ》の罵声を浴びせられる事態を引き起こします。できるだけ、そうならないように私は探偵社として、不倫の影に潜む夫婦間の問題を洗い出し、やり直しのきっかけとなるようアドバイスしていますが、正直、上手くいく場合もあれば、修復困難な場合もありますが、これからも現代を生きる男と女の関係、最新の不倫事情を、私たち探偵社は日々全力で追いかけ、ウォッチしていきたいと思っています。

第二章　不倫調査最前線

探偵の仕事の七割は不倫調査

二〇〇七年（平成一九年）、「探偵業について必要な規制を定めることにより、その業務の運営の適正を図り、もって個人の権利利益の保護に資することを目的とする」ための法律、いわゆる探偵業法が施行されました。その結果、探偵業務の適正化・透明化がはかられ、業界に対するイメージも向上し、他業種からの参入や独立開業する探偵が一気に増えていきました。いわば探偵業界の一大改革が人知れず行われていったのです。

当時、探偵業者の数は個人営業の事務所と法人化された会社組織を合わせて、全国で3887社（警察庁調べ）を数えていました。それが10年後には5738社と約2000社も増えています。業界内での新陳代謝はあるものの、この数字は激増と言って良く、探偵業法の施行による一般化がはかられ、探偵への調査依頼のハードルが下がったことから調査依頼が増えていった証しでもあります。

依頼案件の内容を分析しますと、やはり圧倒的に不倫・浮気の調査が全体の70％以上を占めています。なぜなら依頼者たちは、パートナーの不貞の証拠を手に入れ、いざという時（離婚を決意した時）のために備えておきたいという動機から、探偵社を訪ねるケースが多いからです。

探偵業者の推移

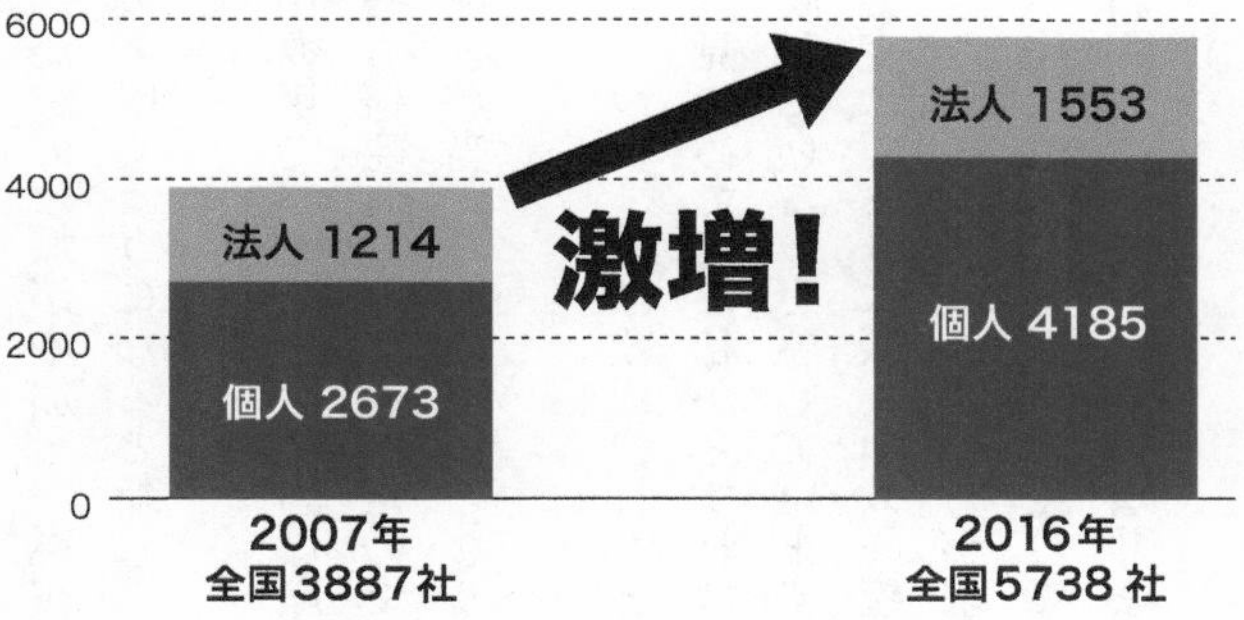

警察庁・探偵業の概況より

たとえ夫婦と言っても、自分の夫や妻の行動を逐一調べられるはずもありません。そこでプロの登場となるわけです。詳しい実例は第一章でも書きましたが、問題の根底に横たわる夫婦間の愛情のもつれは、嫉妬《しっと》と強い不信感、裏切られているかもしれないという疑心暗鬼を心に芽生えさせます。すると人は事実をはっきりさせたいという欲求が強くなり、白黒決着をつけたいと思うようになるのでしょう。

私が会社を立ちあげた二〇〇三年当時は、不倫・浮気調査の依頼は、圧倒的に妻である女性からの案件がほとんどを占めていました。夫である男性からの依頼は、一割程度に過ぎませんでした。

しかし、女性の社会進出が進むにつれ、夫である男性からの依頼が増加し、現在ではおよそ四割になっています。こうしたデータは、女性が外で働くようになると新しい出会いも増えて、不倫に走る既婚女性が増えた証《あか》しと言えます。

この10数年で、夫婦の社会的な環境は変化を遂げ、いわば「愛情」を取り巻く、夫や妻の価値観も様変わりしていったのです。昔は「浮気は男の甲斐性《かいしょう》」と言われていましたが、今や共働きが当たり前の時代となり、なりたくても甲斐性のある男性になれないのが現実です。

「歌は世につれ　世は歌につれ」という言葉がありますが、長年、探偵社の立場から夫婦や不倫を見つめてきた私からすれば、不倫は時代につれて変化するものであり、世情を如実に反映していると実感しています。

不倫調査は、まさに様々な人間模様、複雑な感情の坩堝《るつぼ》といっても過言ではなく、調査する探偵たちにもタフな精神力が求められます。

夫の不倫に泣いて絶望を訴える妻に、担当する探偵はどうしても同情し、正義感からついつい頑張ってしまいがちになりますが、実はそこがこの調査の最も注意しなければならない点です。

探偵への依頼内容

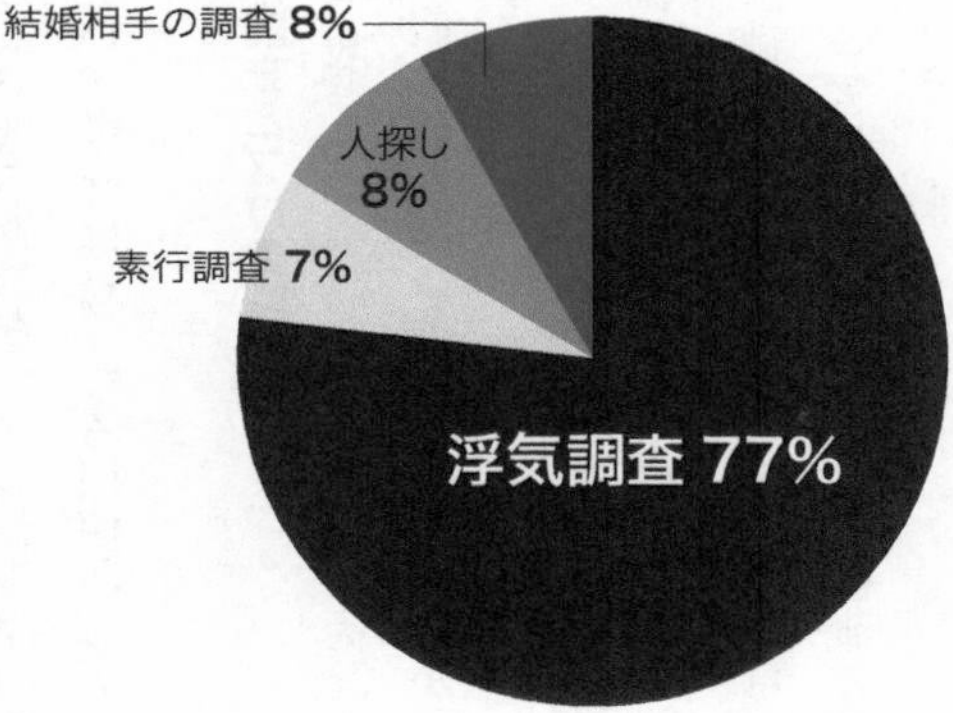

探偵社に依頼した動機

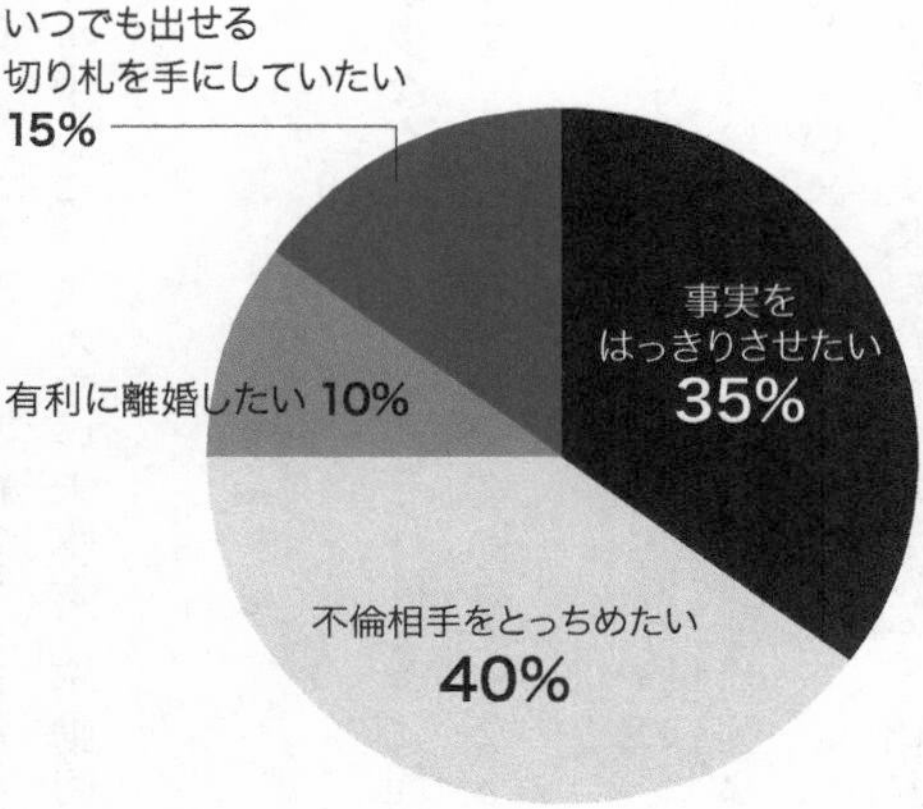

総合探偵社 MR 調べ

前章では、本当にあった不倫の末路の信じられない実態エピソードを紹介しましたが、この章では不倫調査にまつわる探偵たちの仕事ぶりを中心に、笑えない失敗談、感動的な出会い、話せば長くなる探偵あるあるをご紹介します。

不倫調査とプロ意識

不倫調査は探偵たちに過酷な状況を強いることが少なくありません。それはまさに理不尽といってもいいような現実が次から次に襲ってくる、まるで悪夢の中にいるようなものです。

しかし、どんな逆境にあろうとも調査をあきらめて中断することなどあり得ないのが、探偵を職業とする者のプライドです。想像を絶する状況に陥っても、探偵たちは強靭《きょうじん》なプロ意識を胸に、いかなる困難にも打ち勝とうと奮闘しています。

ここで、日夜力を尽くして調査に奮闘する探偵たちが、実際に経験した事例をご紹介しましょう。

体力の限界に挑んだ探偵のエピソード

それは夫からの依頼を受けて、不倫の疑いがかかる妻を尾行中のことだった。当然のことながら、相手にバレないよう一定の距離を保ちながら、スマホなどをいじって普通の散歩を装いつつ歩くのが鉄則。時折、目の前の尾行対象者がふいに振り向くことがあるが、そんな時も慌てず騒がず。何事もないように、平然としていなければならないのだ。

ところが、この日の尾行対象者である依頼者の妻は、そんな探偵のセオリーでは対応不能な女性だった。

なんと、それまで何の違和感もなく前向きに歩いていた彼女だったが、いきなり身体を反転させて後ろ向きに歩き始めたのだ。つまり後をつける探偵に正対し、目線がばっちり合ってしまったのである。

一体、何が起きたのか。探偵はとっさに理解できなかったものの、バレてはいけないというプロ意識から、何食わぬ顔で彼女の横を足早に抜き去って、尾行を一旦《いったん》中断し、遠巻きに観察してみた。すると、後ろ向き歩行を50メートルほど行ってはまた反転し、しばらく前向きの普通の歩き方をしていると、再び後ろ向き歩きに変わることを繰り返していた。つまり警戒感から身体を反転したのではなさそうだった。

探偵は不思議に感じたが、妻は大の健康オタクで、今は「後ろ向き歩き健康法」にはまっているとの事だった。

しかし、これでは尾行もやりにくい。夫に相談すると出た答えが……。

「妻は熱しやすく冷めやすいタイプ。三日もすれば飽きて違う事やりだすから、二、三日、様子をみましょう」

案の定、三日後に再び依頼者の妻を尾行したところ、後ろ向きに歩くことはしなくなったが、今度は本格的に運動に目覚めたらしく、ジャージ姿で現れ、急に走り出したのである。普段、冷静な探偵もこれには大慌てで、彼女の後を走って追いかけた。

さすが健康オタク、これまでにいろいろ実践してきただけあって、体力は抜群だった。スピードも本格派ランナー並みに速く、しかも、いつ立ち止まるのかと思うほど、延々と走り続けるのだ。妻を見失わないように、探偵も全速力で走らなければならず、体力的にかなりハードな調査となった。

やがてどんどん調査対象者である妻との距離が離れていく。「もうダメだ！」と、息も絶え絶えとなりながら路上に突っ伏してしまう探偵であった。

後日、走り始めた場所から、探偵がリタイヤした場所までの距離を測ってみたところ、約10キロだったが上り坂や急なカーブもあり、よくここまで走ったものだと同僚たちから は褒められたという。

　さて、この体力自慢の妻の不倫調査に関しては、なにしろ飽きやすい性格の持ち主である。浮気相手の男を捨てるのも電光石火の早業で、なかなかしっぽを摑《つか》めなかったが、なんとかその事実を突き止めることに成功。

　夫に報告すると、

「飽きやすい性格ですからね、今は不倫のスリルを楽しんでいるのでしょう。しばらくしたら、別のスリルを求めていきますから、またその時にこれからのことを考えます。ただ、事実を確認しておきたかったんです」

　と、良く言えば本能に忠実な妻の天然ぶりを楽しんでいる節もあり、離婚はまだ先のような結果となった。ただし10キロも走った探偵は、体力が時には必要な状況があると学習し、現在、せっせとジムに通って肉体改造に取り組んでいる。

尾行の現実と探偵の忍耐力

　探偵にとって最も集中力やモチベーションを奪うのが、いつ終わるのかまったく予想できない長時間に及ぶ尾行調査だ。その中でも女性のウィンドウショッピングに遭遇すると最悪だ。例えば、対象者の人妻を追いかけデパートに向かうと、探偵の誰もが嫌な予感に身震いする。

まず女性のショッピング尾行は、デパートの上から下へダラダラと商品を見比べながら移動し、同じフロアでも延々と行ったり来たりの繰り返しだ。そろそろ終わりかと思えば、また最初からグルグルと回りだす。これが二、三時間続くのだが、探偵はどこで不倫相手と会うのか分からないため、少しも気をぬけない。変にべったり尾行していると店員に怪しまれる。特に婦人物の下着売り場などは、男性探偵にとってまさに鬼門だ。

「お客様、奥様へのプレゼントですか?」

あきらかに変態ではないかと怪しむ店員から、声をかけられることもある。それでも尾行をやめるわけにはいかず、こうした場合は女性探偵に交代することもある。

買い物の尾行だけで事が終わるのならまだ良いが、時には全く予想せず三泊四日の長丁場の調査になり、最終的には北海道の最北端まで行ってしまうこともあった。

国内ならまだ探偵自身の裁量で、一旦会社に戻ろうとか、レンタカーを借りようとか判断できるが、そう都合よくいかないのが海外まで尾行してしまった場合である。

調査対象者は不倫疑惑にまみれた男性。妻からの依頼だった。

すでに数日ほど追跡調査を行っていたのだが、まったく証拠を掴めない。依頼者である妻とも連絡をとり、刻々と変わる夫の状況を把握するよう努めていた。

そんなある日、「明日から一週間、急に出張すると言うのです。どこに行くのか分かりませんが、どうも怪しくって……」と、妻からの情報を得た探偵は、愛人との逢瀬《おうせ》を楽しもうとしているかもしれないと、大張り切りで張り込みから追尾の態勢をとった。

案の定、夫は朝早くスーツケースを片手に自宅を出て、羽田《はねだ》空港に向かったのである。まずはここまでは想定内。ここからどこへ向かうのだろうか。北海道か、それとも沖縄か。探偵はどこに行っても対応できるよう、事前に各航空会社のオンライン・チケットの会員となっているので、行先が分かり次第、航空券を購入できるようになっていた。

心配なのは空席が無い場合なのだが、行先さえわかれば、その前の便を確保して空港で待っていればいいし、他の航空会社の便でも、とりあえず現地に向かえばなんとかなるはず。

しかし、見通しは甘かった。

調査対象者である夫が向かったのは、なんと国際線ターミナル。ここで探偵はおおいに焦った。パスポートは常備しているが、要は航空券である。目的が判明したとして、すぐに買えるものなのか？

答えはもちろん「買える」であるが、ただし出発当日の航空券は、すでに完売している場合が多く、「空席があれば」という条件つきである。つまり問題の夫と同じ飛行機に乗れるかは運次第だった。

ここまで来て乗れないのでは、シャレにならない。夫が乗る飛行機と行先を確認し、同じ便になんとか乗れるよう航空会社と交渉。航空会社が直前のキャンセルや、乗客が来ない場合を想定して、オーバーブッキングしているのは常識である。予想通り空席はゼロ。ただし出発直前まで待てば、キャンセル待ちの席が出てくるかもしれない。

勝負は出発の二時間前まで。この時点で席が確保できなければ、あきらめざるを得ず、別の手段を考えなくてはならない。

祈るような気持ちで結果を待っていたところ、eチケットが確保できたと連絡が届いたのである。

「やはり普段の行いを正しくしていれば、神様はちゃんと見ていて下さるのだ」

クリスチャンの彼は、本当に天を見上げて神に感謝を捧《ささ》げたのであった。

調査対象者である夫が向かったのは、インドネシアのバリ島。日本人に人気のビーチ・リゾートだ。羽田空港では愛人の影はまったくない。もしかしたら、現地で合流か？　ビジネスクラスで優雅に移動する夫をにらみ、エコノミークラスの探偵は、これからの段取りをいろいろ考えていた。

バリの空港につくと、予想通り愛人と思われる女性が、彼を迎えにきていた。つまり愛人が先に来て、後で夫と落ち合う計画だったのだろう。

探偵は、早速、小型のビデオカメラで撮影をはじめ、ホテルでいちゃつき同じ部屋に入るシーンもばっちり収めることができた。すべての苦労が報われ、気が付けばほぼ三日間、調査を続行。本社に連絡した後、気絶するように丸一日爆睡した。

以上は、弊社の探偵たちから取材した事例ですが、不倫調査は忍耐と根性が必要であることを分かっていただけたのではないでしょうか。

ある程度、不倫相手の住所や仕事、生活リズムなどが、事前に分かっていれば、それほど苦労はないのですが、そこまで具体的な情報を摑んでいない場合は相当苦労してしまいます。

では苦労して調査する探偵は、一つの不倫案件にどの程度の時間を費やすのでしょうか？　当社のデータを集めたところ、次頁のような結果となりました。

調査期間が長期になればなるほど費用もかさむので、探偵たちは徹夜続きになっても、短期間で結果を出せるよう日夜頑張っています。だから二、三日で済む場合は一見すると簡単に解決しているように思えますが、探偵にとっては必死に対処した、過酷な時間でもあります。しかも、探偵たちで調査のために会議を行った時間は、これには入っていません。

依頼者に負担のないよう真実を確保すべく、探偵たちは速やかな調査への努力を行っていることが伝わってきます。

ハプニングだらけの不倫調査

前にも書いたように不倫調査は、男と女の感情の坩堝です。この感情というのは、とても厄介なもので、真面目に任務を遂行する探偵を毎回悩ます要因となっています。順調に調査が進んでいても、思いがけない事態が生じることも多々あります。

私たちプロからすれば、これまで数多くの案件を担当して、豊富なノウハウが蓄積され

不倫の証拠をゲットするまでの日数
※ある程度対象者の情報・行動が把握できている場合

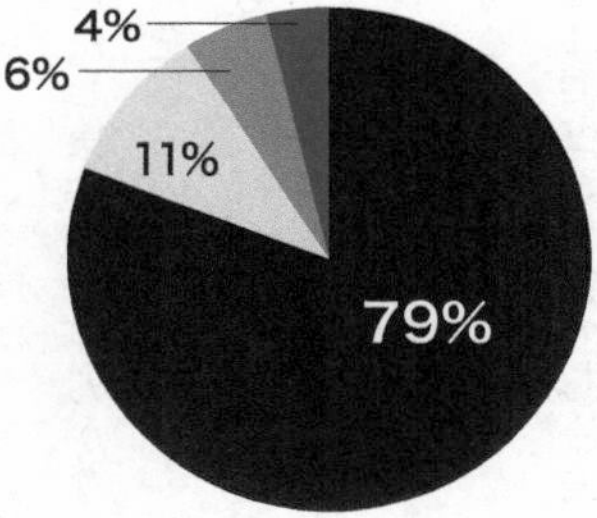

- 二日〜三日：79（ほぼ黒と目星をつけ、証拠がとれる確実な日を狙い撃ち）
- 一週間以内：11（相手の状況により難航するケースもあるが積み重ねるため）
- 十日前後：6（慎重に行動している対象者の場合）
- 一カ月以上：4（相手の警戒が強い場合は一カ月程度の間を開ける）

総合探偵社 MR 調べ

ていますので、どんなハプニングが起きても、的確かつ即座に対応できます。むしろ、逆にハプニングの中にこそ、不倫の原因を解き明かすヒントが隠されていると考えるようにしています。

さて、そんな男女の感情が露《あらわ》となって激しくぶつかりあう、不倫調査ならではのハプニングとは、一体どんなものなのでしょうか。

張り込み調査の実状

忍耐力勝負の張り込みも探偵の大きな仕事の一つだ。

特に不倫調査では、事前に愛人の自宅が割れている時など、いつ不倫相手の依頼者の夫がやってくるかもしれず、じっと自宅前で張り込むこともよくある。これが連日続くと思うとうんざりするが、そこはよくしたもので、調査対象の愛人が仕事をしていれば、その間は一旦仕切り直しとなり、一息つくことができるのだ。

その点、どこへ向かっているのかわからない尾行に比べると、精神的には楽な部分もある。ただし集中力と体力がなければ続かない。

不倫をしている人たち……特に男女それぞれ配偶者のいるダブル不倫の場合は、密会はとても慎重に行われるのが常だ。その場所となるのは、ご多分に漏れずラブホテル。こっそり肩寄せ合って入るのだが、そこが撮影のポイントとなるので、尾行していてラブホテルのネオンが見えてきたら、すぐにビデオカメラをスタンバイするのが、デキる探偵のノウハウでもある。

中には調査対象者である夫を尾行していたら、一人でラブホテルに入ってしまったということもあるが、この場合は不倫相手と時間差でそれぞれ別々に入る手法を用いているのだ。しかし、この場合、対象者である夫がラブホテルに入っただけで、不倫の確たる証拠にはならない。

「徹夜明けだったので、一眠りしようと思って手っ取り早くラブホテルに入った」と言えば、限りなくグレーではあるが黒とは言えない。

そこで尾行していた探偵は、調査方法を張り込みに変更し、ホテルの入口が良く見えて、長時間車の中で待機していても怪しまれない場所に陣取る。

大抵のカップルの場合、不思議なことに入る時は別々でも、出る時は辺りを気にしつつも一緒のことが多い。情熱的なひとときを過ごし、どこか離れがたい気持ちになって、ついそうなってしまうのだろうか。

ともあれ、張り込みをする探偵にとっては、一緒に出てくる、その瞬間が調査のキモである。絶対に逃すわけにはいかない。

ところが、この日、探偵が例のごとくラブホテルの前で張り込んでいると、どうも周囲の雰囲気がおかしいのだ。弊社MRの探偵以外に、このホテルを見張っているような車両が数台、停まっている。しかも、その内の一台には、いかつい男たちが何人か乗り込んで、ホテルの気配をじっと窺《うかが》っているようなのだ。

ホテルのドアが開く度に、探偵の面々も、そしてやはり見張っている車両の男たちも、瞬時に玄関に視線を向け、緊張が走る。

「これは他の興信所の探偵じゃないか？」

「確かにラブホテルだから、かち合うってこともあるな」と、探偵たちは話していたが、それにしてもどうも探偵の雰囲気とは違う。

では一体何者……？　など、つらつら考えているうち、調査対象者である夫が、愛人の肩を抱いて、辺りを警戒するように出てきたのである。探偵たちは、すぐさま撮影の体制になりカメラを回し始めた……その時だった。

夫と愛人二人の前に、駐車していた車の中から、脱兎《だっと》のごとく飛びだしてきた人影が、やおら立ちふさがったのである。

「あなた！　この女、なんなのよ！」

探偵たちは色めきたった。なぜなら、二人の前に現れたのは調査を依頼した妻本人だったのである。愛人との密会の現場を押さえようと、張り込んでいると連絡していたのだが、それを聞いて居ても立ってもいられなくなってしまったのだろう。まさか、現場に来るとは……。

妻は物凄《ものすご》い剣幕で怒っているものの、愛人は開き直って不敵な態度で依頼者を挑発する。

「あなたが相手してあげないのがいけないいんじゃや……」と、そこまで言いかけた時、愛人の顔が凍りつく。なんと、今度は愛人の旦那《だんな》と思《おぼ》しき人物が、拳《こぶし》を固く握りしめて近づいていく。やはり、この旦那も車から見張っていたようだ。

夫と愛人の夫、愛人と依頼者、強烈な四人の男女の修羅場がホテル前に出現してしまった。もちろんホテル従業員の制止など聞かない。探偵はどうしていいのか、もはやパニック状態。これもある種の証拠になるだろうとビデオカメラを回し続けてはいたが……。

すると、今度は例のいかつい男性四人が車両から降り、彼らを取り囲んだ。

「今、捜査中なんだ！　邪魔しないでくれ！」

と言って、速やかに移動するよう四人に促す。どうやら私服警官らしい。

その時、ホテルの自動ドアが開いて、髭面《ひげづら》の男が女と出て来たのだが、私服警官を見て「あっ！」と声を上げ、女をほったらかしにして逃げ出してしまった。

私服警官たちは、「待てーっ！」と叫びながら後を追いかけた。なんとホテルから出てきた男は指名手配犯で、私服警官たちはこのホテルに追い詰めていたのだった。

無事、犯人は警官たちとの格闘の末、捕まえられたのだが、刑事ドラマさながらの出来事を目の当たりにし、さっきまで揉《も》めていた四人の男女は、呆然《ぼうぜん》と立ち尽くすしかなかった。呆気《あっけ》にとられている今こそ出番だと、探偵がようやく仲裁に入り、後日、四人で話し合いの場を持つということで、それぞれ帰宅の途についたのである。

不倫の現場ランキング

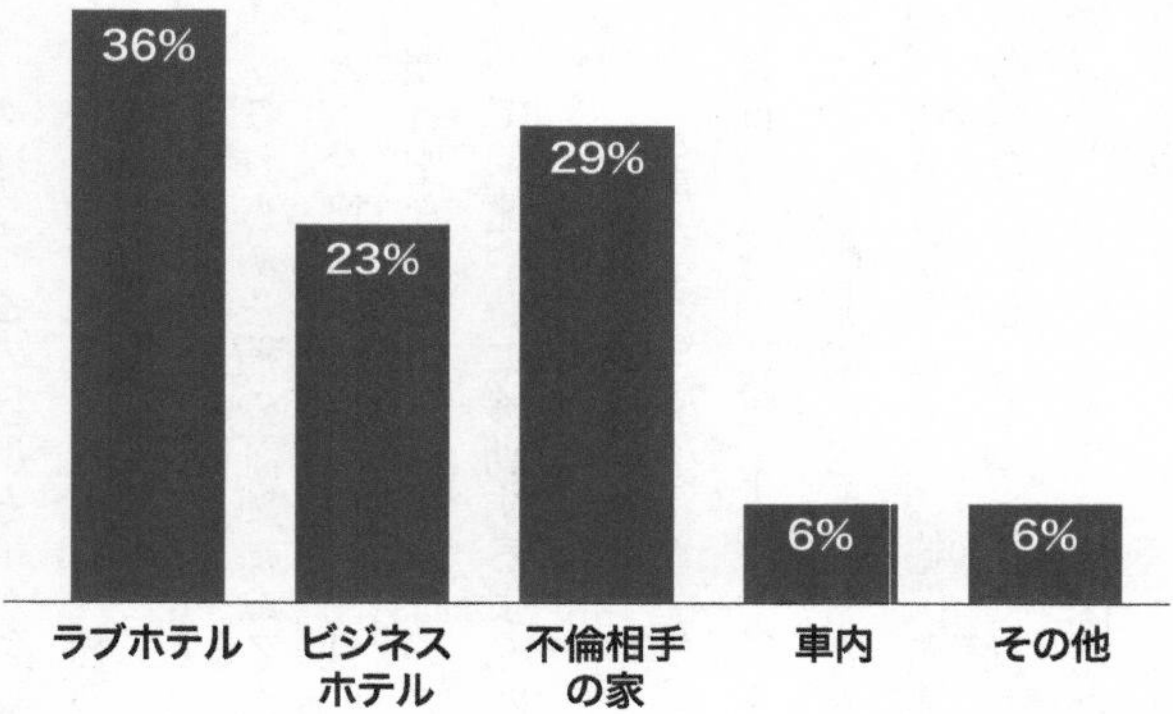

総合探偵社 MR 調べ

ちなみに今回のご夫婦、ここまで修羅場を演じたにもかかわらず、元のさやに戻り円満な生活を続けている。愛人は一連の大騒ぎで余程恐怖を感じたのか、あの事件の日以来、夫に一切、連絡をよこさなくなったという。

それにしても探偵人生で一度あるかどうかの、貴重な体験となった。

弊社の調査によると、不倫の密会の場として利用されているのは、ラブホテルがトップ。また、比較的安価な金額のビジネスホテルも、地方や宿泊を伴った逢瀬の場合に使用される頻度が高いようです。

意外なのは、不倫相手の自宅。当然ではありますが相手が独身である場合に限ります。探偵の間では、これを「自宅不倫」、略して「宅倫」と呼んでいます。

数字的には少ないものの、車内や会社の休憩室、あるいは倉庫など、経費のかからない場所で情事に及ぶケースもあります。こうした場所での不貞行為は、誰かに見られるかもしれないスリルを感じながら興奮したいという、一種のプレイに近く、他のホテルなどと併用して楽しんでいるようです。

探偵が分析する超現実的不倫

日頃からたくさんの不倫の現場に触れてきた探偵たちは、その経験則から浮気する夫婦関係には共通点があると感じています。どういったものか、今回、この本を読んでいる読者の方の中には、不倫問題で悩んでいたり、あるいは不倫の当事者だったりすると思いますので、参考になればとまとめてみました。

①妻が小うるさい（優しい愛人のほうが居心地が良いので、夫はなびいてしまう）
②夫が妻を細かく管理する（妻に不平不満が蓄積し、他の男性に走るきっかけに）
③実の親とやたら仲がいい（配偶者が疎外感を感じて、寂しさから不倫を誘発）
④夫婦の会話がない（妻または夫に関心がなくなっているサイン）

⑤ 妻または夫どちらにも隠し事がある（秘密を持つと、不倫への抵抗感が薄れる）
⑥ SEXレス（実はこれが一番、不倫の要因に。夫婦間で満たされない欲求を別の異性に求めることに……）

こう書き連ねると、確かにそうだろうなと納得してしまいませんか？　わずかでも、そうだと感じられるご夫婦ならば、ほんのささいなきっかけで、不倫する可能性があると断言できます。つまり、どんなご夫婦でも不倫という背徳感がもたらす、甘い妄想を心の片隅に抱いているのです。お気を付けください。

では探偵たちが見てきた不倫にまつわる人間模様の具体例をお話ししましょう。

不倫する人の環境と特徴

不倫と浮気の違いについて、探偵たちはよく話題にしている。その中で大体一致する結論は、「浮気＝遊び」「不倫＝配偶者以外に対して恋愛感情ありきの欲望」となるようだ。

確かに浮気は風俗店に通っても浮気であるが、特定の女性と長期にわたって交際するというものではない。それに対して不倫は、特定の女性とわりと長いスパンでお付き合いし、下手をすれば〝生きるの死ぬの〟と、ちょっと古いが「失楽園」状態の泥沼に陥りやすい。

簡単に言えば「浮気」は、ちょっとした出来心なので、奥さんに頭を下げれば解決するが、「不倫」は事実が発覚しても愛情が強いと難しい場合もあり、結局、離婚に向けての話し合いとなっていく。

こうした既婚者と不倫関係にある女性のことは、一般的には「愛人」と呼ばれているが、かつては「お妾《めかけ》さん」という言葉も使われていた。

お妾さんは、本妻さんも公認の存在で、毎月のお手当を貰《もら》い生活していた。テレビドラマや時代劇などで、そんなお妾さんが登場することがある。だからなのか、特定の女性と不倫関係にある男性は、経済的に余裕のある富裕層に属し、会社経営者や医者などが多いと思う向きがある。

しかし、実態はそうでもない。むしろ、お金持ちの方は、派手に遊んだり浮気をしたりすることはあっても、特定の愛人を持つケースは、今やほとんど稀《まれ》である。なぜなら、企業経営者にとって、愛人スキャンダルが発覚しようものなら、一発で社会的に抹殺されかねないコンプライアンス重視の時代となっているからだ。

しかも、今はSNSもある。リベンジポルノという言葉も浸透しているとおり、愛人とのSEX写真を公開でもされたら、大変なことになってしまう。ましてや有名人や知名度の高い企業の経営者だったりした時には、ワイドショーの餌食《えじき》になってしまうのがオチである。

だからなのか特定の愛人と不倫関係に陥るのは、実は富裕層の男性ではなく、ごく普通の平凡なサラリーマンが少なくない。これは働く既婚女性にも言えることだ。

その理由としてあげられるのが、社内で異性と親しくなれる環境が整い過ぎているという点だ。上司と部下、同期入社の同僚、あるいは取引先の社員……などなど、業務を通していつでも異性と知り合うことができる上、仕事の苦労を分かち合ったり、悩みや分からないことを相談したり、とにかく心と心を繋《つな》げる要素が盛り沢山なのである。

こうした典型的な社内不倫の調査は、一見、簡単そうに思えるが探偵たちの答えはノー。

その一例として探偵が挙げてくれたのは、ある有名ＩＴ会社の社員同士による不倫だった。調査を依頼したのは、その会社に勤める男性の妻。夫は38歳で妻は年上の43歳。

なんと夫は、年上好きの甘えん坊体質なのか、同じ会社の40代独身女性である直属の上司と不倫関係に陥っているという。帰宅も遅く、連絡のない外泊も多い。夫婦のコミュニケーションは限りなくゼロに近く、夫はもはや妻を顧みなくなっていた。

「これは私にとって、殺人級の裏切りです。二人を無茶苦茶にしてやります！」

不倫相手との関係

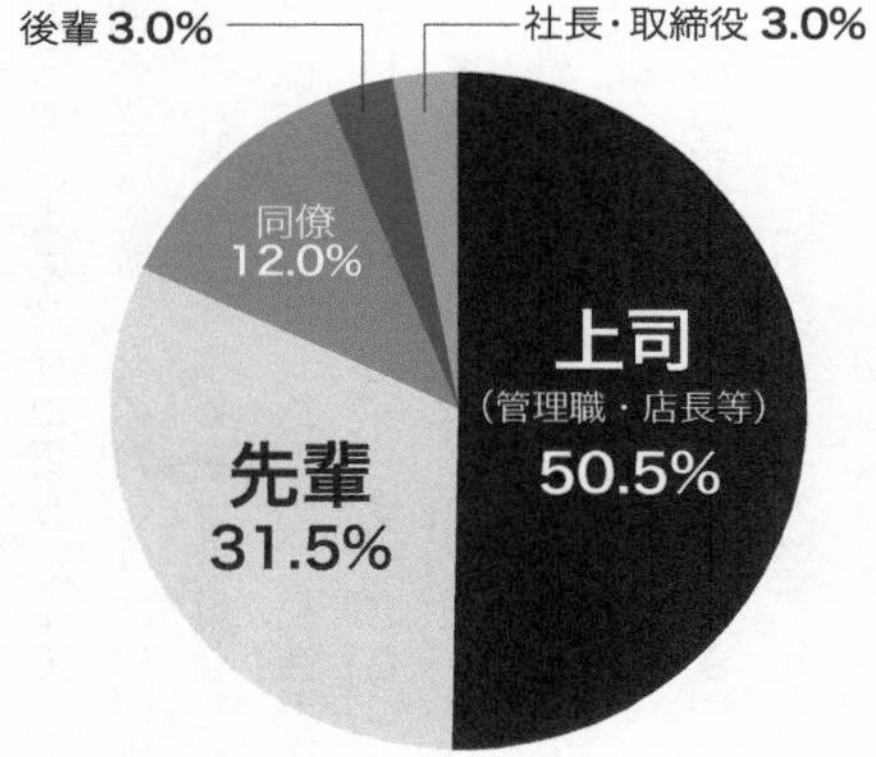

総合探偵社 MR 調べ

不倫相手と出会ったきっかけ

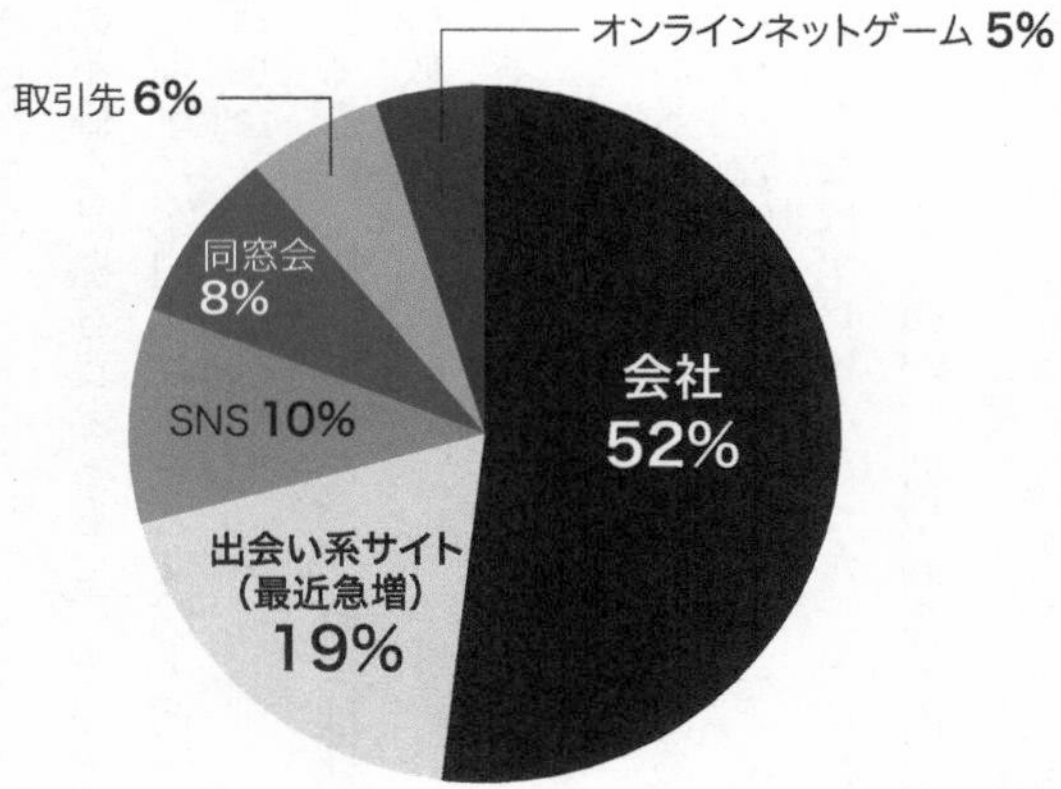

総合探偵社 MR 調べ

と、妻は夫よりも年上の不倫相手に怒り心頭の様子だった。

そんな証拠を摑むのは簡単だったが、問題はそのあとだった。

なんと妻が夫の会社に乗り込んで、夫と女性上司の不倫を証拠写真とともに、その上席の上司へ強硬に訴えたのだ。社内は騒然とし、すぐに別室に案内され、夫と女性上司、妻と談判された部長はじめ執行役員なども同席の上、話し合うことになった。

妻は社内で大騒ぎしたため、女性上司が謝って別れるものと思っていたが、彼女は社の幹部を目の前にしても、一切動じることなくこう言い放った。

「私はキャリアなんていりません。処分はどうぞお好きなように。私はクビになっても好きな男性と一緒にいられるのが一番幸せですから」

と、強気な不倫相手に揉めに揉め、結局、依頼者である妻と夫は離婚。不倫相手である女性上司の完全勝利……かと思いきや、夫が既婚者だった頃は、障害があるからこそ盛り上がっているにすぎず、その後、元夫と女性上司は「こんなはずじゃなかった」と別れてしまったという。失うもののほうが多く、誰一人幸せにならないのが、典型的な社内不倫なのかもしれない。

愛人は妻よりブスが多い

「浮気された妻＝サレ妻」を主人公にしたドラマが、話題となっていた時期がある。サスペンスドラマの中でも、浮気・不倫は、ストーリーを構成する定番の要素だ。芸能人や有名人の不倫スキャンダルは、一度発覚するとしばらくワイドショーをにぎわすのも、お馴染みの光景だ。それだけ不倫に対する、世の中の関心が高くなっているということなのだろう。

フィクションの世界では、確かに絶世の美女との不倫は、魅力的で官能的ではあるものの、それはあくまで妄想の世界でしかない。

夫が不倫している場合、不倫相手の容姿が妻より優れているから、夫を籠絡《ろうらく》できたのだと思いがちだが、実はここが現実とまるっきり逆のケースが多い。

探偵たちへの聞き取り調査では、弊社に依頼に来る八割が、奥さんより容姿が劣る女性と夫が不倫をしているというのだ。これはいったい何故なのか。

全社を挙げてあらゆるデータ、アンケート調査、ヒアリングを重ねた結果、そこからは驚きの事実を導き出すことができた。

言葉は悪いがブスな不倫相手は、ブスゆえに男性に好かれた経験が少なく、既婚者であっても深い関係になった相手に対して、心から全力で尽くすという。不倫に走る夫は、前にも書いたように、妻に物足りなさを感じていたり虐げられていたり、常日頃から不満を抱いている。そんな夫に、至れり尽くせりで接する女性は、たとえブスであろうとも、情が移ってしまうのは否めない。もちろん夜の営みの方もサービス満点だとか。

例えば、こんな事例もある。

不倫夫の調査案件で尾行していたところ、夫が満員電車へ乗り、探偵も見失わないようすし詰めの乗客を押しのけて中へ。人と人が接触する狭い隙間から夫の行動を見張っていたところ、なんと夫が、目の前に立っている女性のお尻《しり》を、むんずと摑んで触りまくっているる光景を目の当たりにしたのだ。しかも女性は、怖かったのか、ただ黙って耐えているようだった。

「これは痴漢だ！」

と、尾行中のこの探偵は駅員に知らせようと、その瞬間の映像を小型カメラで撮影。

その矢先、夫は次の駅で降りるや否や走り始めた。探偵も駅員に報告する暇もなく、本能的に全力で追いかけた。すると夫は一人でラブホテルへ。ここが密会場所なのは一目《いちもく》瞭然《りょうぜん》。不倫男女がラブホテルを利用する場合、別々に入るという定石通りの展開になってきた。

探偵は入口近くで見張っていたが、ものの数分も経たないうちに、不倫相手と思しき女性がやってきた。うつむき加減で歩いて来るその女性の姿形、そして顔を見て探偵は驚いた。電車の中でお尻を激しく揉みしだかれていた、あの女性だったのである。

なんという待ち合わせ方法。それにしても密会の前に「痴漢プレイ」もやってのけるとは……。この時も不倫相手の女性は、とことん男の要望に応《こた》えるブスであった。

ただし気を付けなければならないのは、こうした女性は次の相手が見つかりにくいので「今カレ」に固執しすぎるところである。

仮に不倫関係を解消しても、その後の愛人の動きを気にして見ていないと、不倫夫に何度もアプローチし、その度に不倫夫の心もグラグラ揺れて愛人を放っておけないことになりかねない。そうした状況を放置しておくと、夫婦関係が破綻《はたん》することに繋がる。

美女ならば男性にモテるからこそ、一人の男性に固執することはなく、間違って既婚者と不倫関係になったとしても切り替えが可能なのかもしれない。

不倫調査の結果報告を依頼者である妻にすると、映像や写真をじっくり見て、あまりにブスな不倫相手にほっと胸をなでおろすが、そのあと必ず、「なんで私より、こんなブスがいいの？」と不満たらたらのリアクションを見せるのだ。

ブスだから安心と思うより、ブスだからこそ、この不倫は危険と思って注意したほうがリスクを回避できることは言うまでもない。

探偵たちを困らせる不倫調査

どんなピンチに陥っても冷静に対処できてこそ、それまで培った探偵の能力を発揮できるわけですが、中には有能な探偵でも、いかんともしがたい案件が舞い込むことがあります。

特に不倫はどんな職業でも、はまってしまう人ははまってしまいます。

さて、探偵たちが頭を抱えてしまう不倫案件とは？

難儀な不倫調査ランキング　トップ3

第3位…調査対象が双子

探偵が不倫調査に着手した途端、混乱してしまうその際たる例が、不倫相手が双子のどちらかという場合。しかも、双子同士でルームシェアをしており同じ部屋から出てきた時に、ぱっと見分けるのは、眼力の鋭い探偵でも至難の業。ならば服の好みやブランドの違いで見分けようとしても、大体、こうした場合は服やバッグなどもシェアしているため、より判別が難しくなってしまう。

こうした難しい状況を解決するには、まず双子のA、Bそれぞれに探偵をつける二班体制で調査を開始。もうこの時点で、時間も経費も二倍かかってしまうのが難点だ。

経費を最小限に抑えた場合は、知恵をしぼるしかない。そこで気づいたのが携帯電話。今ではスマホをどんな時にも触っているので、スマホケースのデザインや色の違い、つけているアクセサリーなどで特定する。とにかく調査対象者が双子だった場合はかなり要注意。

第2位…同業の探偵が不倫

妻の立場としては、夫と同じ職業の探偵に頼みたくないという思いもあるだろうが、探偵に任せれば、明確な証拠を摑んでくれる実力のほども理解している。調査のやり方も熟知しており、こちら側の知りたい事前情報に関しても、かゆいところに手が届くように明快に提供してくれるやりやすさはある。

しかし、調査対象者はこちらと同じ探偵である。尾行、張り込みはすぐにバレてしまうし、周辺関係者への聞き込みも探偵関係ばかりで、接触することすらできないのが実状だ。だが、不倫夫が探偵でも依頼があれば出動しなければならない。

こうした場合はあらゆる修羅場を経験してきたベテラン探偵が担当し、調査対象者である探偵夫の上を行く調査をするようにしている。とは言っても難しい調査に変わりはない。

第1位…警察官

難儀な不倫調査、実は上には上があり、探偵たちが異口同音にあげた第1位は、警察官の不倫案件だ。現役の警察官の不倫案件は、とても困る。

奥さんからの調査依頼は警察官の妻だけに、調査を頼むことにそれほど抵抗を抱かないからなのだろうか、頻度は高い。

警察官の不倫相手は、同じ署内の女性警察官であることが多い。これは警察官の危機管理意識の表れと言えよう。不倫相手が同じ警察官であれば揉めたとしても、世間に知られることはまずない。警察内部で処理され、あたかも不倫問題などなかったかのように解決される。もちろん本人たちへのペナルティはあるだろうが……。

これが外部の女性と不倫などしようものなら、一旦揉め出すと大変だ。「警察官、夜のパトロールは情熱派!?」「不倫警官ひらきなおり、浮気して何が悪い！」など、女性雑誌や週刊誌のネタになりかねない危うさを持っている。

それもこれも社会の模範となるべき警官だからこそ、高い倫理観を求められているのだろう。しかし警察官でも人間である。不倫と分かっていても、欲望に負けてしまうのを批判することはできない。

ともあれ、警察官の調査は苦労続きだ。なにしろ国家権力を持っているので、何かあれば職質の上、別件逮捕で拘束される可能性（いまだそうしたことはないが）もゼロではない。しかも尾行は、さすが警察官、すぐにバレてしまう。探偵同様、周囲に目配りをかかさず隙が無いのだ。

調査を少しでも進展させるには、ここでも依頼者である妻の協力が必要不可欠と言える。まず不倫相手の女性警察官の情報をひそかに集めてもらい、ターゲットをしぼって調査するのだが、若い女性警察官であればプライベートで心の隙をつくことが可能だ。

しかし、ここまでたどり着くには、通常の不倫調査の何倍も労力がかかり、探偵もずっと神経を張り詰めた状態を維持しなくてはならないので、難儀する不倫調査の不動の第1

位と言えるだろう。

深い傷跡を残す不倫ランキング　トップ3

第3位…教師と保護者

不倫の実態を証拠つきで冷徹に突き止めるのが探偵の仕事だが、何も当事者に不幸になって欲しいとは露ほども思っていない。できれば、真実を知ることが、やり直しのきっかけになって欲しいと願っている。しかし、結果が癒《いや》しきれないほど深い傷跡を残し、修復など望むべくもない調査結果をもたらすことも少なくない。

教師と教え子の保護者との不倫も、調査数でいえば、かなりの数に及ぶが、結果は悲劇そのものである。

まず発覚した時点で学校やＰＴＡの大問題として糾弾され、私学であれば即刻教師はクビ。不倫してしまった保護者の子女も、自主退学し転校を余儀なくされることが多い。こうした社会的制裁が重い場合、離婚を回避することはまずかなわない。

しかし、最も心に深い傷を負っているのは、不倫当事者に振り回される子どもたちだ。

普段は世の中に迷惑をかけないようにと道徳を説く教師からばっさり裏切られ、親の肉欲の果ての不倫も、受け入れがたいショッキングな事実である。教師と親から二重に裏切られた気持ちはいかばかりであろうか。

第2位…探偵がトラウマを負う

癒しきれない深い傷跡が残るのは、何も不倫の当事者ばかりではない。それは妻から依頼を受けて、夫の調査を進めていたところ、夫は女性にまったく興味を持たないゲイであることが判明したケースだった。結婚したのは世間体を考え、ゲイであることをカモフラージュするためだったのだろう。調査してみたら夫が筋金入りのゲイだったというケースはよくある。

ゲイ夫の特定の愛人（男性）を突き止めようと、ゲイ専用の映画館まで尾行。当然、探偵は暗闇でも撮影できる赤外線カメラをオンにし、夫に続いて館内へ潜入。

ところがそこは男同士が束《つか》の間の愛を交歓する、いわゆるハッテン場。夫はここで彼と待ち合わせ、隣同士の席で行為に及ぼうとしていたのだ。

探偵は初めて見る男同士の肉欲の世界に、言葉もないほどのショックを受けてしまった。それだけならいざ知らず、音も無く忍び寄ってきた巨漢に、急に股間《こかん》を触られてしまったのである。さらに巨漢は、それ以上の行為に及ぼうと探偵の肩に手を回し、無理やりキスを迫ってきた。

調査は最後までやり抜くのが、弊社MR探偵のモットーであるが、この案件だけは衝撃が強すぎて、巨漢の手を振り払い、ほうほうの体で逃げ出さざるを得なかった。

そして、その生まれて初めての体験は、探偵の彼の拭《ぬぐ》い去れない心のトラウマとなって、入社してまだ半年だったが辞表を提出し、退職してしまった。

第1位…不倫相手が身内

もし良い不倫と悪い不倫があるとするならば、決定的に悪い不倫の調査案件、それは不倫相手が、「身内」というケース。

妻から依頼され、夫の不倫調査をしていったところ、夫は妻の両親が二人で暮らす実家に頻繁に出入りしていた。探偵たちもその行動は把握していたが、「おやっ？」と思ったのは、夫が義理の父親が仕事でいない昼の時間帯にばかり訪ねている点だ。

「もしや……？」と、探偵は義理の母親が不倫相手ではないかと直感。

妻の実家に張り込むこと数日。ついにいそいそと外出する妻の母を尾行し、外で夫と密会する姿をキャッチしたのだ。

調査結果を受けた妻と、その家族のその後はまさに怒号と罵《のの》り合いが続く修羅場と化した。結局、夫婦は離婚、両親も離婚。一家離散に陥ってしまった。

他にも似たようなケースでは、夫や妻の兄弟姉妹と関係を持ってしまった不倫案件も数多く、結果は家族全体を巻き込んで辛《つら》い結末をもたらしてしまう。

事が落ち着いても、身内との不倫だけに生涯、その時に生じた心の傷は癒されることはないだろう。


高齢夫婦にも不倫が蔓延？


不倫まで至らなくても、20代・30代の夫は風俗などで性欲を発散することはよくありますが、それはあくまで一過性の浮気。不倫まで至ることはほとんどありません。やはり40代の男性が突出して多いようです。

それも女性と恋愛感情を共有する、まさに不倫です。性欲を満たすというより、妻との関係も倦怠期《けんたいき》に差し掛かり、飽きがきている時期ですから精神的な安らぎを求めているのではないかと思います。

ところがそれ以上にびっくりするのが、60代以上のシニア層の方からの依頼案件の激増です。実に十年前の四十倍に増えているのです。

百年長寿の時代を迎え、それだけ年配の方がお元気だということの証《あか》しなのでしょうが、それに伴って高齢者の恋愛事情も一筋縄ではいかないようです。

登場人物の年齢トータル230歳！

依頼者は80代の妻。夫も80代の医者で、薄々愛人の存在は分かっていたが、彼女もすでに70歳近い年齢だという。この関係者全員の年齢を足すと実に230歳を超えてしまう。

夫はすでにSEXはできないものの、今も定期的に愛人と会っているようだと妻は話す。

聞けば、夫と愛人の関係に気づいたのは、三十年も前のことだというが、当初は「英雄色を好む」と、妻は鷹揚《おうよう》に構えていた。本妻ゆえの上から目線だったが、齢《とし》を重ねた今も手を切れずにいることが、我慢ならなくなってしまったようだ。

「夫には愛人と、どうしても別れてほしいんです。だから証拠を取ってほしい」

と、妻は語気を強めて言った。

調査の結果、妻の言う通り夫の愛人は70歳近い女性で、ずっと独身を通してきたという。

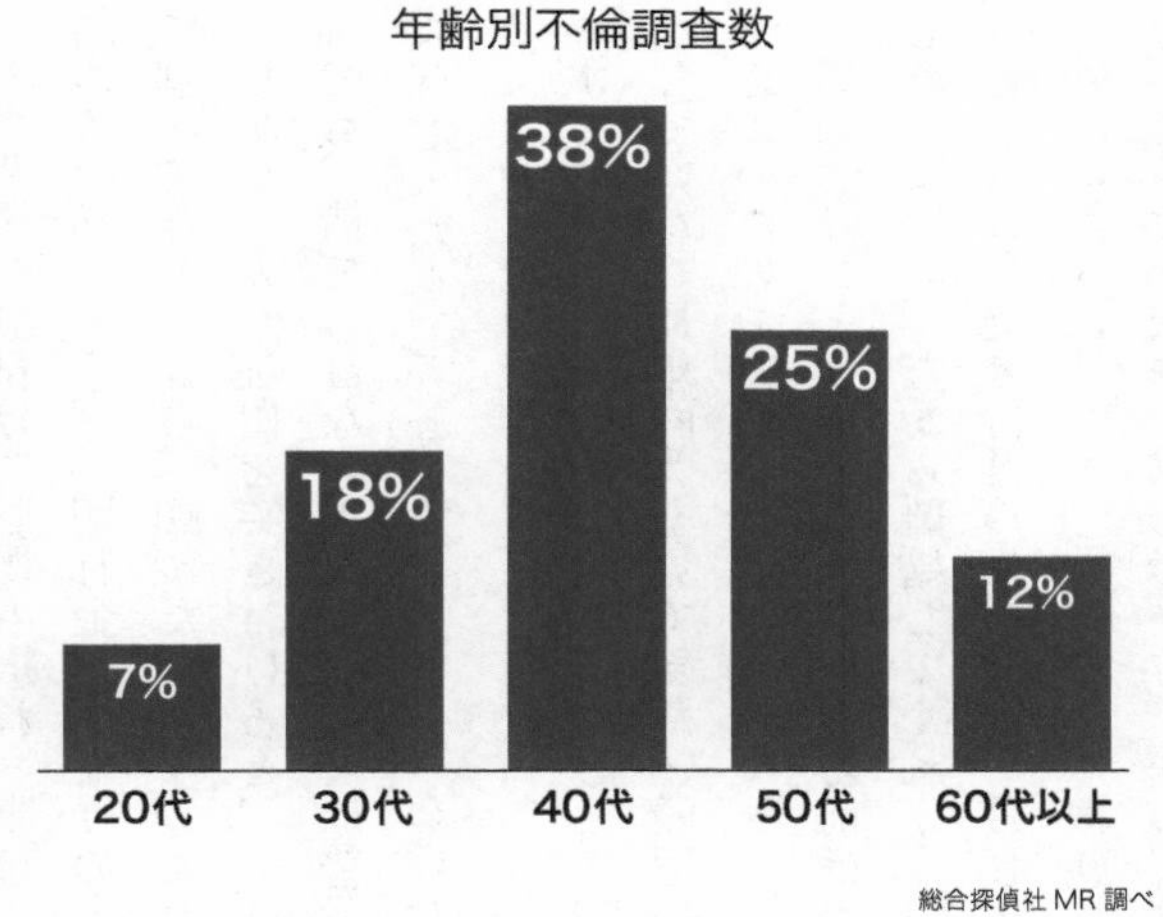
年齢別不倫調査数
7%
18%
38%
25%
12%
20代
30代
40代
50代
60代以上
総合探偵社 MR 調べ

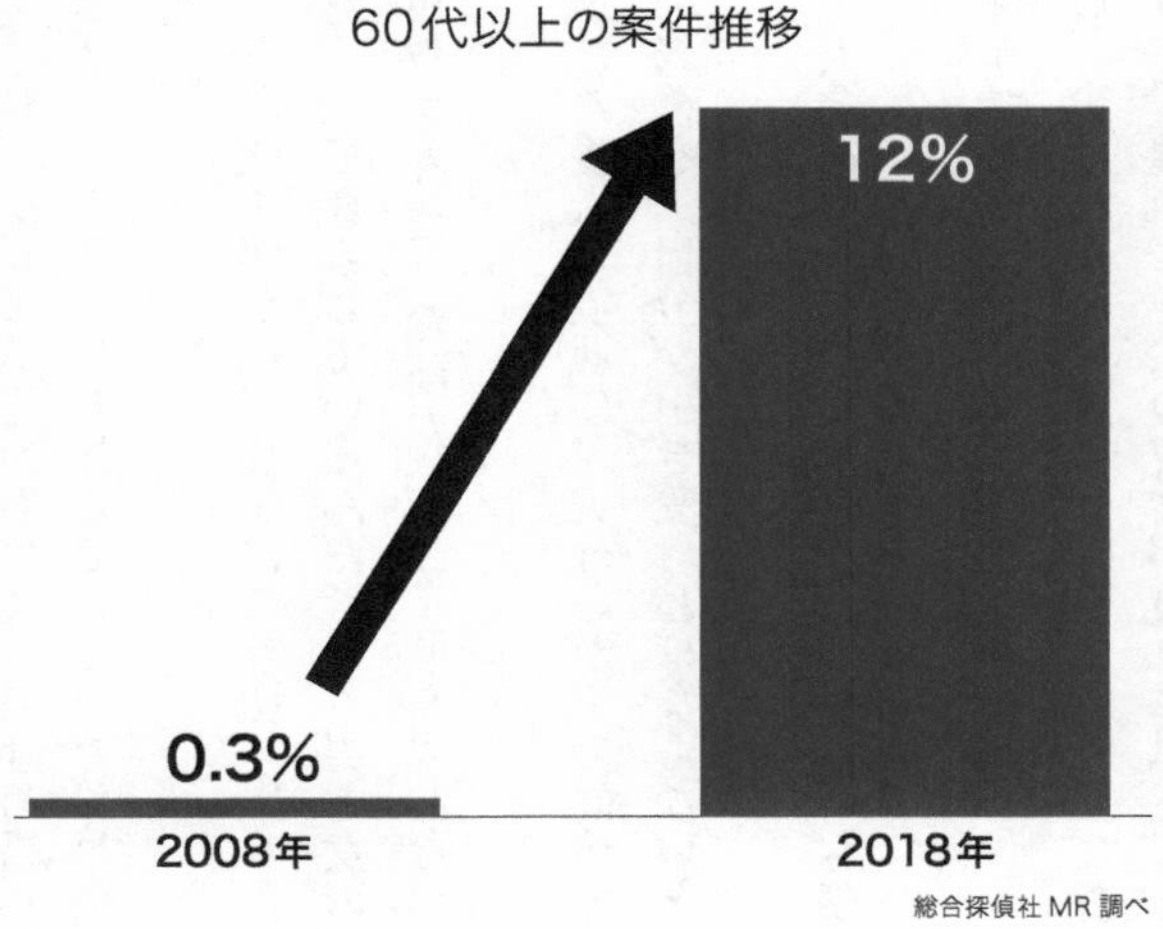
60代以上の案件推移
0.3%
12%
2008年
2018年
総合探偵社 MR 調べ

二人の関係を裏付ける証拠も取れ、妻はこれをもとに、夫に愛人と別れてくれるよう問い詰めるのだという。手切れ金もかなりの金額を妻はへそくりとして貯めていたので、お金で解決できるのなら、願ったりかなったりだった。

しかし、妻が証拠を突き付けると、夫は悲しそうな顔を浮かべ、静かにこう切り出した。

「でも、捨てられないんだよ。彼女は普段たった一人で暮らしているんだ。もう男と女の関係じゃないし、私が寄り添ってあげなきゃ可哀そうだ。お前だって不憫《ふびん》と思わないか？」

すでに三十年もの間、日陰の女として過ごしてきた愛人の境遇に、夫は心からの同情を示していた。長年面倒を見てきた70歳近い愛人の老後を、自分が引き受けねばならないと考えていたのである。

「あいつのことを捨てられない。お前はかなりの大金を持っているだろうし、慰謝料も渡したっていい。だから離婚してくれ……」

と、別れを突き付けられたのは、むしろ妻のほうであった。

確かに愛人には、子どももおらず家族もいない。妻には立派に成人した子も、そして孫もいて幸せな家庭を営んでいる。夫の言葉を受けて、確かに愛人の彼女が哀れに思え、それならばと、夫との結婚生活にピリオドを打つ選択をしたのであった。

今では夫と、そして愛人とも会って、三人で食事するようになり、知り合ってみれば彼女も優しい人柄で、妻に対して恐縮しきりの女性だったことから、仲良くなることができたという。

こうした高齢者の不倫問題は、当事者が老い先短いことを理解しているせいか、ずるずると解決せずに時間だけが経つことは少なく、何らかの妥協点を見つけてすぐに結論に至っている。

それにしても70代・80代の恋愛はお盛んで、若い人と変わらないどころか、もっと元気だと現場の探偵たちは口々に言う。

70代や80代の夫がスマホに不倫相手とのSEX画像を保存していたと言って、妻がその写真データを探偵社に持ち込んだこともあるのだが、それを見ると「若い」「元気」とあっぱれなほどのご立派ぶり。男女間は年齢なんて関係ないのだと思わずにはいられない。

人間は灰になるまで性欲があるというが、恋愛や不倫については、この人は何歳だからという先入観を持ってはいけないのだと探偵たちは痛感している。

調査と報告だけではない探偵のもう一つの顔

探偵にとって調査だけが仕事ではありません。時には弊社のカウンセラーとともに、依頼者の悩みを解決するパートナーとしての役割を担うこともあります。むしろ調査結果を報告した後のフォローこそが大切であり、調査はフォローをより具体的に最善なものにするための材料集めと言っても過言ではありません。

だから探偵と依頼者の間に、濃密な人間関係を築く場合もよくあることなのです。

探偵と依頼者の間に芽生えた交流をご紹介します。

天然奥様にたじたじ探偵

依頼者は30代の品が良い、綺麗《きれい》な奥様。最近、毎週水曜日、夫の帰りが遅く、シャンプーの匂いもしていることから浮気を心配し、調査して欲しいとのことだった。

探偵たちは二つ返事で快諾し、早速、翌週の水曜日に夫を尾行することになった。

案の定、夫は勤務先を退社するとまっすぐに新宿歌舞伎町《かぶきちょう》に向かい、ソープランドに慣れた様子で入っていったのである。水曜日に来ていたのは、「曜日割引」のつく日で通常より料金が三千円ほど安くなっていたためだった。

この結果を妻に報告すると、彼女は「中でどんな行為をしているか調べて下さい」と新たな調査を依頼してきた。男性がソープランドに行って、することと言えば察しが付くと思っていたが、妻はよほど世間知らずなのか、理解できないようだった。

探偵も言葉を選びながら説明するのだが、どうも要領を得ない。

今度は探偵が、そのソープランドでどんなサービスをしてくれるのかを詳しく調査し、妻に報告した。

「こういうプレイが好きで、こうされるのが気持ちいいみたいです」

すると妻は……。

「ちょっとよく分からないので、今、やってもらえないですか？　私に……」

と、言い出し服を脱ごうとした。もちろん探偵は慌てふためいて必死に止めたのだが、妻はそれだけ天然系の女性だったのである。

それから一カ月、調査対象者だった夫が、会社に興奮してやってきた。

「おまえら、うちの妻に何を言ったんだ！」

と、怒りのクレームをつけだした。

詳しく話を聞いてみると、なんと妻が夫御用達《ごようたし》のソープランドで働き始め、夫とばったり会ったとのこと。問い詰めると、妻は驚愕《きょうがく》の動機を話したという。

「あなたが通い詰めているソープランドで、あなたを喜ばせる技を習得しようと思って。だって、あなたに捨てられたら嫌だから……」

そんな経緯があり、弊社の探偵に調査してもらったことや、夫自身の浮気の事実を知ったこともすべて話したとか。

最初こそ興奮していたが、夫は自分にすべての責任があると感じたのか、次第に反省。探偵たちも総出で対応し、夫と妻の関係をしっかり見つめ直して、悪気のまったく無い、むしろ可愛い童女のような奥様を大切にすることが幸せになる一番の方法だと諭した。

これには夫も大きく頷《うなず》き、もう絶対に浮気はしないと誓って帰っていった。

後日、幸せに暮らしていると連絡があり、行動は大胆だったものの、奥様の純情で天然なキャラクターが、探偵たちの心に春風のような暖かさをもたらした案件となった。

ソープ嬢の切ない恋

ソープランドに通う浮気夫がいるかと思えば、ソープ嬢から依頼されることもある。

依頼者の彼女は、いつも指名してくれる客と恋に落ちてしまったというのだ。通常は外で会わないのがルールだが、彼から「付き合ってください」と真面目に申し込まれ、最初は断っていたのだが、根負けして何度かデートをしているうちに、彼女自身も彼のことが好きになってしまった。

するとと彼は、「今度、自分が一番信頼する、会社の上司に会わせるから。うちの両親にも会ってほしいんだ」と言い、彼女はすっかり結婚するつもりになっていた。

余談ながらソープ嬢と客の関係から、結婚に至る例は実は数多い。

彼女もいつプロポーズされるのか、楽しみにしていたのだが、ある日、彼とやり取りしていたＬＩＮＥが突然、遮断されてしまった。携帯に連絡しても出ない。彼との交流が途絶えてしまったのだ。

ソープ嬢の彼女は、探偵社にその彼を探してもらおうとやって来たのだが、調査料の見積もりを出すと、指を一本ずつ折って数え始めた。

「何を数えているのですか？」

「それは……」

なんと彼女は、調査料を支払うために、何人の男性を相手にしなくてはならないかを計算していたのだった。数え終えると深くため息をつき、いきなり号泣した。

「結局、これはもう無理ということなんでしょうね。そりゃそうですよね。ソープ嬢と結婚しようなんて本気で思わないですよね」

この言葉に探偵たちも胸を打たれ、

「何かあったらいつでも相談に来てくださいよ。相談だけなら無料ですから」

と提案したが、ついに彼女が調査依頼をすることはなかった。

それから何度か連絡があったが、いつしかそれも途絶え、二年後、しばらくぶりに彼女から嬉《うれ》しい知らせが届いた。

なんと、今は別の男性と結婚して、幸せな家庭を持ったことを報告してくれたのだ。もちろん彼女の過去も承知の上での結婚だったという。

探偵をしていると、世の中の片隅でひっそりと一生懸命に生きている人々の、人生にも触れるのだ。

心がほっこりする調査報告

新婚三カ月の30代の妻から、夫の浮気を心配しての調査依頼が飛び込んできた。

「最近、夫の帰りが終電間際で、態度もよそよそしいのです。もしかしたら浮気しているのではないかと思って、確認のために調査して下さい」

と言う。早速、情報を収集し、夫の24時間を徹底的に調査したのだが、怪しい女性の影や浮気の兆候などは皆無。逆にある感動的な事実を知ってしまった。

夫の帰宅が遅くなったのは、昼間の会社勤め以外に、夕方から夜にかけて一日五時間、バーテンダーのアルバイトを行っていたからだ。

つまり昼と夜のダブルワークで稼いでいたのである。もしかしたら女性に貢ぐための費用捻出《ねんしゅつ》のためにアルバイトをしているのだろうか。

その真相を知るべく、探偵はバーの客を装って夫が勤めるバーに入店。

「この仕事、長いの?」「昼は何してるの?」「そんなに働いて、フェラーリでも買うの?」などなど、あくまで世間話風に、緩やかに核心に迫る。

すると夫は、意外なことを話し出した。

「結婚してもお金がなくて、妻を新婚旅行に連れて行くことができなかったんですよ。だから金を貯めて、妻にサプライズで旅行をプレゼントしようと思って、こっそりアルバイトしているんです」

欲望まみれの人間たちの実態を見続けてきて、どこか冷めた心になっているような気がしていた探偵だったが、夫の言葉はそんな探偵の心をもほのぼのと溶かしていった。

探偵は、晴れ晴れとした思いを胸に、浮気はまったくの誤解であることを報告し、夫がサプライズを計画していることを伝えたところ、妻は喜びのあまり涙を流した。

「知り合いのバーの店主に手伝ってほしいと頼まれているらしいですよ。その内、アルバイトも終わってちゃんと定時で帰ってこられるようになりますから」

これで今回の調査は終了した。それから二カ月後、妻から涙声で連絡があった。

「今、夫からすべて聞きました。私はなんで彼のことを疑ってしまったんでしょう……」

夫婦の愛情が織りなす交差点で、探偵は裏方としていつでもサポートしている。

探偵の仕事にやりがいをもたらした出会い

弊社に就職する新人はほとんどが、自社で運営している探偵学校を卒業した逸材だ。最初は新人の誰もが、探偵の経験のない、いわばアマチュアである。そんな調査の右も左も分からない素人が、どの地点でプロとしての自覚を持っていくのか、弊社の探偵たちに聞いてみたところ、面白いエピソードを知ることになった。

新入社員の探偵のＹくんは、偶然、ＭＲの探偵が出演したテレビ番組を視聴。それがきつかけで、当時、就職していた大手不動産会社を辞職し、探偵の道を選んだという珍しい若者だ。

「『人は男でも女でも隙あらば浮気をするものです』と岡田社長が語っていた言葉が、ものすごく心に刺さりました。そうか、今まで僕は、愛があれば人は人を裏切らないものと思っていたけれど、それは大きな勘違いだったのかもしれない……と思って、MRに電話しました」

人間の底知れない心理の有り様を知りたいという欲求から、探偵になったYくん。以来、多くの不倫・浮気調査に携わってきたが、探偵の仕事をこなす中で、忘れられない人生の転機となった案件と出会った。

それは、妻が不倫しているかもしれないという男性からの調査で、その妻の不倫相手は特定の男性ではなく、不特定多数のゆきずりの男たちだったという案件である。

調査結果を報告する際、依頼者に対しておおいに同情しつつ、できるだけ傷つかないように話そうと決めていた。しかし、事実は事実。そこは変えようもない。絶望して精神的に病んでしまうのではないかと心配していたYくんだったが、夫の反応は意外なものだった。

「いや～ありがとうございました。これで妻とやり直せます」

その言葉にYくんは、耳を疑った。妻がどっぷり浮気しているというのに、なぜやり直せると言うのだろうか？　そのことをYくんが率直に尋ねると、夫はすぐにこう答えた。

「妻がこうなったのは、実は私のせいなんです。以前、私が愛人を作ってこっそり不倫していたことが妻にバレて、ずいぶん揉めたんです……」

すると妻は、「愛する人に裏切られるってどういうことなのか、あなたも実感すればいいわ！」と告げて、別居生活を始めたというのだ。

妻の捨て台詞《ぜりふ》と、その意味を考えれば、今回の結果は至極当然の帰結であった。しかも妻は、定期的に夫と会い、その度に「私、新しい彼ができちゃった」「昼間のラブホテル、空《す》いていていいわよ」などと、夫を挑発する言葉を浴びせていたのだ。

夫はそんな妻の行動が次第に怖くなって、愛人とすっぱり手を切り、妻を元通りの生活に戻そうと考えた。だからこそ、やり直しのための事実の調査で、今さらそのことをネタに離婚しようとはまったく思っておらず、むしろ妻が無理をして当てつけのように浮気を重ねているように夫には感じられていた。

「つまりこれで、ご夫婦で『おあいこ』。お互い様ということですか？」

と、Yくんは聞いてみた。すると、夫は……。

「そこがちょっと違うんですよ。最初は私にやきもちを焼かせて苦しませようと思って浮気をしていたでしょうが、今は大きな罪悪感に包まれていると思うんです」

夫はYくんに訥々《とつとつ》と、本当の心境を語り始めた。実は妻から離婚の話を切り出されたことは一切なく、むしろ「このままでいいの？　なんとかしないと、私が本当に逃げちゃうよ？」と、夫に懇願するようなこともあった。妻の浮気の気配を察していた夫は、嫉妬の感情を抑えつつも無言で対応していると、妻は途方に暮れたように泣き崩れてしまったとか。

「その時分かったんですよね。妻は今ものすごい罪悪感に苛《さいな》まれていると。すべて私のせいでこうなってしまったわけですから、この調査結果を伝えて、心から妻に謝るつもりです。今まで苦しませてごめんと……」

「それで奥さんは分かってくれますか？　調査結果を話すのは、逆効果じゃありませんか？」

夫は「実は……」と切り出し、今回の依頼にまつわる真相を告白した。

「実は妻も私を探偵に調べさせていたんです。お互いに二つの調査結果を並べて、これはもう終わったこととして焼き捨てようと思っています。ここからリセットして、もう一回やり直しますよ」

Yくんが絶句したのは言うまでもない。

これまで不倫・浮気調査は、たいていが離婚を有利にすすめるための証拠として使われるのが常であった。しかし、MRでは夫婦の関係を修復するようにアドバイスを行っている。今回の案件は、いわば依頼者である夫と調査対象者である妻の、絆《きずな》の深さをお互いに再確認する行為だったのである。

「調査って人のアラや秘密を探るのが目的ではなく、心の叫びを追尾するというか、その痕跡《こんせき》に触れてそこから真実に迫る手法というか……。うまく説明できないのですが、なんだか探偵として一歩成長したような気がして、僕にとってターニングポイントになった案件でしたね」

とYくんは力説した。

出会いと別れは依頼者だけの問題ではない。そこに深く関わる探偵の人生にも、大きな影響を与えているのだ。でなければ探偵は、ただの調査屋である。

MRの考えとしては、人の心の深みを見つめ、誰もが幸せとなる真実に迫ることが探偵の醍醐味《だいごみ》である。そのことを知れば探偵は、ある種の人生の修復業であるとも言えよう。

第三章　探偵が集める不倫の証拠

依頼者に疑惑を徹底ヒアリング

配偶者が不倫しているという悩みは、当事者でなければ分からないものです。何をしても答えの見えない不安に駆られる日々に苛《さいな》まれ、神経衰弱のような日々を過ごす方ばかりです。けれども真実を知る覚悟を決め、心にわだかまる疑念や苦悩を吐き出すことができれば、調査をする前の段階で冷静さを取り戻し、夫や妻への疑惑をより客観的に話せるようになります。そこで弊社が独自に導入しているのが、依頼者一人ひとりに寄り添う、専任カウンセラーという制度です。

依頼者がいきなり探偵と対面しても、緊張や不安もあってなかなか精度の高い情報は出てきません。ましてや不倫・浮気の悩みです。事実だけを突き止めて一件落着というわけにはいきません。私たちは、心のケアこそがもう一つの大きな仕事であると考え、事実関係の調査と同時並行で依頼者の幸せのために何が必要なのかも見極めてアドバイスしています。

そのためか、初めはもう二度と修復できないのではないか、と思われるうちの七割ものご夫婦が、絆《きずな》を修復して私たちの相談室から、前向きに出ていく後ろ姿を何度も見送ってきました。

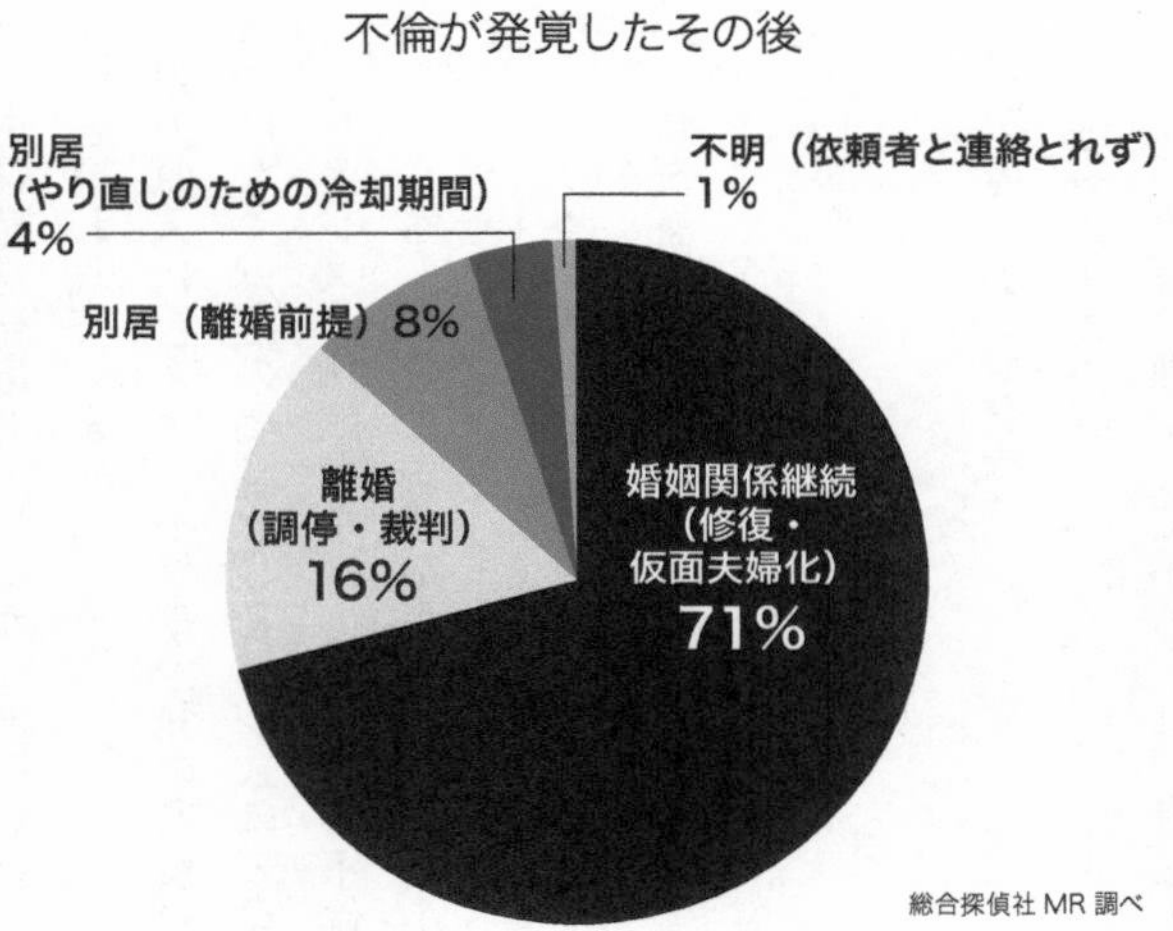

では、傷ついて苦悩の果てに行き着いた依頼者に寄り添って、より正確な事前情報をピックアップするには、どうすればいいのでしょうか？

第三章では、パニックに陥っている依頼者の心情を慮《おもんぱか》って、なおかつ調査を円滑に進めるための情報を手に入れる、探偵ならではのテクニックと事前面談での様々な人間ドラマをご紹介します。

探偵も薦める浮気チェック

弊社で不倫・浮気調査に訪れる依頼者にアンケートをとったところ、そのほとんどがSEXレスが長年続いている状態でした。夫婦で夜の営みが行われていないのは、どこかで性への欲望を発散しているか、あるいは夫や妻に性的魅力を感じていないか、そのどちらかだと言われています。

単刀直入に言えば、不倫や浮気の背景にはＳＥＸへの渇望が隠されていると言っても過言ではなく、その渇望とＳＥＸレスは表裏一体の関係なのです。ふと気が付けば、数カ月もＳＥＸレスの状態ならば、配偶者の不倫・浮気を疑ってください。もちろん、それだけで１００％とは言えませんが、可能性はかなり高いと疑っても仕方ない状況だと認識したほうがいいでしょう。

しかし、すぐに探偵社に依頼するのは早計です。まずはご自身で、「もしも……」のための状況証拠集めを行ってみてはいかがでしょうか。

では、どうすればいいのか、現役探偵が勧める「不倫・浮気チェック法」をお教えいたしましょう。

「不倫・浮気チェック法」

① スマホチェック

現在、不倫に熱中している人は、ほぼ１００％携帯やスマホで連絡を取り合っていると思って間違いありません。しかもスマホは情報の宝庫であるとともに、はっきりと不倫の痕跡《こんせき》が残されているものです。そこで以下の点をチェックしてみましょう。

・スマホのロック設定が変更・強化されているかどうか。
・配偶者であるあなたが、夫や妻のスマホを見ようとしたり、あるいは触ろうとしたりすると極端に嫌がる。
・着信履歴、発信履歴、トーク履歴が消去されている。
・家の中なのに携帯やスマホを、肌身離さず自分の身近に置こうとする。
・イニシャル名の人や、あなたが知らない名前から通話やメッセージがある。
・あなたが知らない新しいトークアプリが入っている。
・Instagram、Twitter のダイレクトメッセージでやり取りをするようになった。
・あなたや子どもの写真を撮ることが少なくなった。
・予測変換に「愛している」「会いたい」「好き」や異性の名前が出てくる。
・見たことのない（自分には送ってこない）スタンプを持っている。
・写真加工アプリなど若い世代が使っているアプリが入っている。

・スマホケースのポケットに見知らぬカードやカギ、怪しい領収書がある。

今やほとんどの老若男女がガラケーではなく、スマホを使っていますが、年齢が高くなればなるほど、使用頻度が高いのは電話とメールのみで、ガラケーとそう変わりはありません。スマホはアプリを上手に使ってこそ機能を生かせるものですが、どうしても自在に使いこなせないのが年配者です。

だから不倫相手が若い場合、相手に合わせようと流行《はや》りのアプリをインストールしていることが多く、疑惑の主である夫や妻が、違和感を覚えるアプリをスマホに入れていたら、ほぼ100％何かあると思って間違いありません。

なおスマホのロックを解除できるパスワードをあなたが知っていたら、情報は取り放題ですが、夫婦の間でもプライバシーは守られていますし、法的にも不正アクセス禁止法に抵触する恐れがあります。その点を忘れず対応してください。

② お財布チェック

浮気にはお金がかかります。プレゼントやホテル代、食事等に出費がかさむのは当然の

ことです。しかし、収入の多い自営業の方でないかぎり、自由になるお金は限られていま
す。「お金がないなら不倫はするな」は、まさに真理をついていますが、「お金は無くとも
不倫はしたい」というのが本音でしょう。
　最近では配偶者に知られず、金融会社で借入れをしてまでデート費用を捻出《ねんしゅつ》している人
たちがとても多いです。そうした事実を把握しつつ、お財布の中身はこまめにチェックし
ておくことをお勧めします。

・カードの請求額が以前より上がっている。
・知らないクレジットカードを持っている。
・クレジットカードの請求書や明細書を見せたがらない。
・財布の中に普段行かないレストランなどの店舗のレシートがある。
・いつもは行かないエリアの駐車場のレシートが度々ある。
・仕事後の時間に、お金を下ろしたＡＴＭの利用控えが残っている。
・財布の中から、コンドームが出てくる。
・小銭入れやキーケースの奥などに、知らないカギがある。

仕事が終わった後などに、お金を下ろしてまで会う相手は限られます。

「上司に誘われちゃって……」と言って深夜に帰宅した、あるいは外泊した日の翌日、ポケットや財布から夕方の時間帯の銀行引き出し利用控えが出て来たら必ず保管してください。どの場所で使った利用控えかも、必ずチェックしておきましょう。レシートや駐車券には、お店の住所・電話番号、訪れた時間がきちんと明記されていますので、行動を把握するにはとても役立つアイテムです。ぜひ写真に撮って保管しておいてください。

またお財布にコンドームを隠し持っている人（特に男性）はかなり多く、いざという時に備えています。これが見つかったら、不倫関係というより浮気をしているか、望んでいることの証《あか》しです。発見した時の状況を写真に撮っておきましょう。

見慣れないカギは、不倫相手の家の物という場合も考えられます。

③ 自家用車チェック

自家用車を所有していれば、不倫の自由度は増していきます。逆に言えば自動車があったから不倫にはまったという事例も少なくありません。

もしも不倫を疑ったら、普段、使っている自家用車を徹底的に調べ尽くしてください。

使わないはずの高速の通行券や、レジャー施設の半券（日付をチェック）、もちろんコンドームまで、意外なものが発見できます。

・車の中に明らかに女性のものと分かる髪の毛が落ちている。
・車の吸殻入れに、見覚えの無い銘柄のタバコの吸殻がある。
・座席の下に見覚えのないイヤリングが落ちている。
・ETCの利用明細をみると、普段行かない場所を度々通過している。
・カーナビの履歴に見知らぬ住所が表示される。
・助手席のシートの位置が変わっている。
・トランクの下段にある収納スペースに、見慣れない物が入っている。

意外に車の中は、それほど用心していない場合があります。しかし、わずかな手掛かりが決定的な痕跡として大きな証拠へと繋《つな》がっていきます。

シートから後部座席の足元（助手席に座ると、シートの後ろに落ちるため）まで、ガムテープを用意して、隅から隅までチェックしてください。そこで出てきた物証は決定的な証拠となりますので、採取した髪の毛などは必ず保管しておきましょう。

わりに多いのが、トランクの下段にある収納スペースに、愛人のものを隠しているケースです。普段は使わないので、そこに隠していることが考えられます。

また、不倫相手が嫉妬《しっと》深い場合、自分との関係を妻に気づかせようと、車の中にわざとピアスや口紅などを落としていたり、中には自分の下着を置いて行ったりなどもよくあるようです。

④ SEXチェック

不倫相手との肉体関係が始まったら、変化が顕著になるのが夜の営みです。不倫や浮気は男女問わず、いわばＳＥＸへの強い欲望が根底にあります。夫婦ではどうしても満足できない悦楽を、不倫によって体験したいと思っているのです。

言うなれば、疑いは夜のベッドから始まるといっても過言ではありません。

・「疲れているから」「眠いから」という理由で、拒否をするようになった。
・以前より淡白になり、回数が減っている。

・義務的に行っているように感じる。
・体に触れられるのを警戒するようになった、あるいは嫌悪するようになった。
・手を繋ぐ、ハグなどのスキンシップをしてこなくなった。
・SEXに集中していない、他のことを考えているように感じる。
・以前より、テクニックが上手になった。
・避妊に神経質になった。

不倫にSEXはつきものです。お互いに快楽を追求する姿勢が見られるようです。相手を満足させようと工夫をしますので、技術が向上する傾向がみられます。驚くことに、夫婦間で技術を磨いて不倫相手に披露するという、バカバカしくも笑ってしまうような酷《ひど》い話もありました。

⑤ 日常チェック

日常生活にも、いろいろ疑惑を感じる瞬間は数多くあります。あなたと同居する配偶者の様子が「なんだか変だ」と感じたならば、以下の点に注意を払って観察してみてください。

・家に帰るとすぐにシャワーを浴びるようになった。
・あなたの予定などを詳しく聞くようになった。
・知らない香水やタバコの香りがする、と指摘すると動揺する。
・見知らぬアクセサリーを身に着けるようになった。
・下着が変わった、上下を揃えるようになった。
・車の買い替え・引っ越し・家の建て替えや、今後の親の世話など、将来の話に乗ってこない。
・「一人になりたい」「やっていく自信がなくなった」「もう無理だ」などの理由で、急に離婚を切り出した。

連絡があった時には、「今どこ？」「何時ごろになるの？」と聞くことが大切です。今まで調査を行ってきた中で、早朝に浮気をしていた例は少なく、浮気は夜行われていることがほとんどです。

不倫相手との逢瀬《おうせ》を楽しんで帰宅が遅くなった時に、必ずいう言い訳は、「接待で」「得意先との打ち合わせが」「上司と」「同僚と」「部下と」など、仕事を理由にする確率が非常に高く、怪しまれないよう早めに遅くなることを申告する傾向があります。つまり、不倫相手との逢瀬が、その日突然決まるのではなく、何日か前からお互いの予定をすり合わせて会う日を予定しているからです。行動の裏に隠された真実を見抜けるよう、注意深く観察してみてください。

不倫をしているか疑いがある場合には、配偶者の下着を意識的にチェックしてみましょう。普通の日常生活では、妻や夫など配偶者か、同居する家族以外に下着を見られることはありません。しかし、不倫相手の前では見栄《みえ》を張りたいし、恰好《かっこう》悪いと思われたくないので、肉体関係が始まった時点で、下着を気にしだすのです。急に下着がオシャレなものに変わっていたら、ほぼ浮気を疑っても間違いないでしょう。

不倫や浮気をしているのが夫だった場合は、糸で縫い付けたマークや微妙な色合いが違うタイプの靴下を、何気なく穿《は》かせてください。左右それぞれのマークを覚えておいて、帰宅時に左右が入れ替わっていないかを確認するのです。もし、左右が入れ違っていたとしたら、明らかにどこかで靴下……つまり服を脱いだことになりますので、浮気の可能性は高くなります。

そして夫婦関係においても、不倫・浮気をしている人は、多少なりとも後ろめたい気持ちを持っています。あなたとの関係が変わるだけでなく、あなたのご両親にも会いたがらなくなってきます。

事前チェックで功を奏したケース

依頼者は夫に不倫関係の女性がいることを確信していた。ただし、それは妻の第六感であり、確たる証拠も気配も露ほども摑《つか》めずにいたのである。そこで最後の頼みの綱と思って弊社に調査依頼を寄せてきたのだが、最初のヒアリングで「夫は絶対浮気しています。それは確信しているのですが、いつどこで、どんな女ということまではまったく見当もつきません」と語っていた。

しかし、悲壮感はなく、夫の不倫を是が非でも突き止めたいという強い意志が感じられ、なんとなくそれを楽しもうとしている節も垣間見《かいまみ》られた。探偵との打ち合わせでも、依頼者はとても協力的で、まずは事前チェックをしてみようとの提案も二つ返事で引き受けてくれたのである。

数日後、依頼者から連絡があった。夫の行動を正確に記録したところ、平日は定時に帰宅し、週末だけ趣味のランニングに一時間ほど出掛けていくだけ。たまに休みの日は、友人に会って来ると言って出掛けるのだが、二時間ほどで帰宅。

「駅前の喫茶店で話してきたよ」

と、不倫をする時間はなさそうな状況であった。

スマホのメールもロックがかけられて確認できず。また怪しい人からの電話やこそこそ話している姿も目撃していないという。しかし妻は浮気を信じて疑わない。

「だって事前チェックに書いてあったように、夜の営みをこちらから求めても拒否をするようになりましたし、外から帰ってくるとすぐにシャワーを浴びるんです。キーホルダーにも私の知らないカギがありました。やっぱり怪しいんです」

そこまで言うのならばと、早速、探偵が自宅マンションに張り込み、夫の不倫を突き止めることになった。幸い妻が親戚《しんせき》の法事で、週末に一泊二日、家を留守にするという。子どもはすでに独立していたので、その間、家には不倫が疑われる夫ひとりとなる。

本当に不倫をしているのならば、絶対に動き出すはずだ。探偵たちは、依頼者のマンション前に陣取り、夫が不倫相手のもとへいそいそと出掛ける様子を待ち構えていた。

ところが、自宅から夫が出てきたのは、土曜日の夕方、スーパーへの買い物と、日曜日の午後、コンビニに出掛けただけで、後は自宅にこもりっきりだったのだ。まさに完全無欠の夫の休日を、探偵たちは見学していただけで終わってしまった。

「これは奥さんの勘違いかも……」と、探偵たちはそんな認識で一致していた。

しかし、どうしても気になるのが、妻が言っていた事前チェックにぴったりはまる項目だ。SEXの拒否、帰宅してすぐにシャワー、キーホルダーの見知らぬカギ。もう少し妻の第六感を尊重し、事前チェックで考えられる仮説を推理してみることになった。何時間ものディスカッションの末、行き着いた答えは実に意外なものだった。

妻が言うように、夫は限りなくクロに近いグレー。しかし帰宅時間は一定。出掛ける場合も短時間で帰って来る。これらの点と点をつなげれば、考えられる答えは……。

「愛人はすぐに近くにいる！」

探偵たちはすぐさまマンションの入口で待機し、帰宅した夫と同じエレベーターに乗った。夫にはこちらが探偵だとはバレてはいない。

降りたのは自宅があるフロア。ここまでは問題ない。探偵は夫が降りると同時にオープンボタンを押し、夫の後からそっと出る。エレベーターフロアの陰から見張っていると、なんと夫は自宅前を通り過ぎ、そこから二軒先の部屋の玄関を、慣れた手つきで手持ちのカギを使って入って行くではないか。一体、どういうことなのだろうか？

中に入ったことを確認。後日、そこに住んでいる人物の特定に成功した。やはり推理した通り、その部屋の住人は30代後半の独身ＯＬであった。夫は二人の関係がバレないように思案したあげく、自宅の側に彼女を引っ越しさせていたのだ。

同じマンション、同じフロアに不倫相手を住まわせれば、短時間でも逢瀬を楽しむことができ、いざという時にはすぐに帰れるメリットもある。

夫の計算しつくした不倫実態に、妻もあ然。その後、お互いの親族を交えて話し合った結果、夫は愛人と手を切り、妻のためにもう一度心を入れ替えて夫婦関係の継続を選択した。「妻の妄想」と早計に判断するのではなく、事前チェックが明らかに怪しく、依頼者が確信している場合は、とことん突き詰めることの重要さを改めて気づかされた事案だった。

実際に浮気調査を行ったところ、約九割は不倫や浮気をしていることが、弊社の調査データからも判明しています。夫や妻がいつもと違う態度や行動、言動を取り、「何か怪しいかも」と思った時は、既に何らかの変化が起こっていることが多いようです。

調査開始に際して探偵が重要視する基本

弊社では調査途中で得られた詳細な情報は、依頼者の協力が必要な場合以外、報告することはありません。それは情報を調査対象者に漏らす危険性があるからです。

例えば、途中で報告した場合に、依頼者が不倫を疑っている配偶者に対して、「あなた、昨日、新宿に行っていたわね!?」「あなたってバカね、見られていることも知らないで」など、調査されていることを匂わせる発言をしてしまうと身も蓋《ふた》もありません。夫婦仲がこじれていると、つい感情的になってポロリと、言わなくてもいいことを言ってしまいがちになります。寅《とら》さんではありませんが、「それをいっちゃあ、おしまいよ」となってしまいます。このうっかり発言のために不倫している夫が警戒し、探偵たちの調査がスムーズにいかなくなってしまう場合もよくあります。

探偵の調査の基本は、依頼者にも無言を貫く徹底した秘密主義。同時にそれは、依頼者のプライバシーをも厳守する守秘義務の遂行にも繋がっていきます。まだ会社を設立した当初ですが、途中で依頼者に進捗《しんちょく》を報告した結果、後味の悪い結末を迎えたことがありました。

怪しいと疑って調査した結果データ

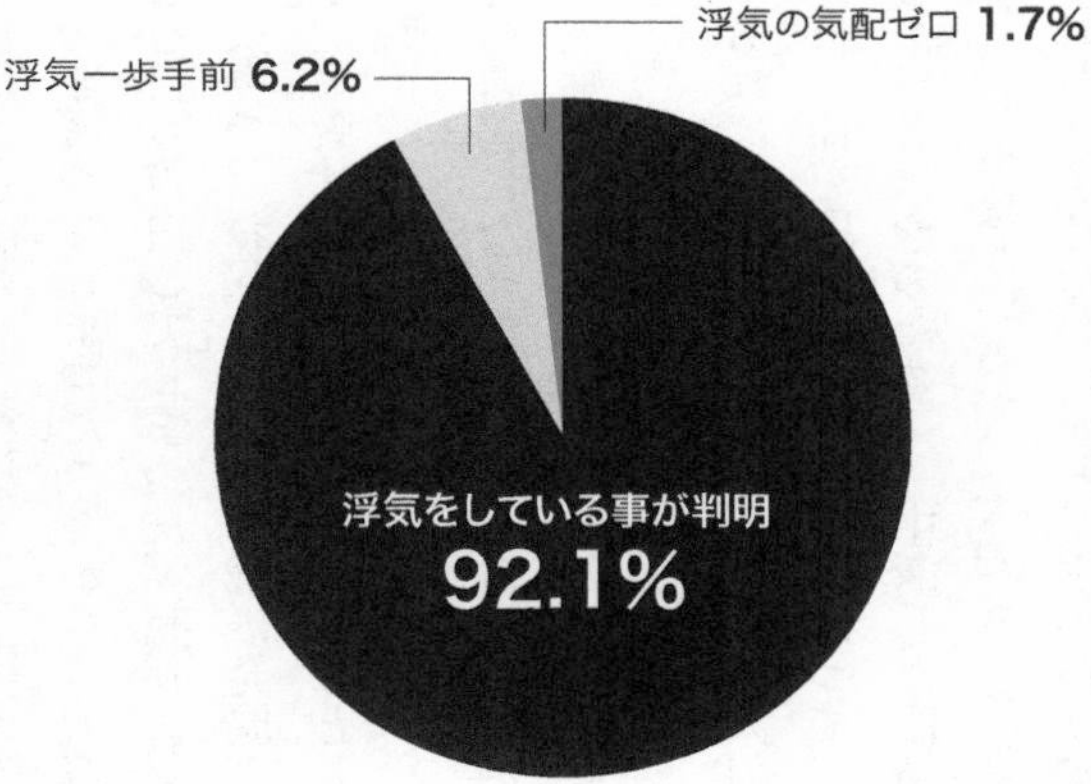

総合探偵社MR調べ

情報を漏らした大きなツケ

それは夫の不倫を疑った妻が、調査を依頼してきた案件だった。このご夫婦の仲はすでに冷え切っており、顔を合わせればすぐに口《くち》喧嘩《げんか》が始まってしまうような状態だったのである。探偵たちは、そのことを十分に承知はしていたのだが、調査が進むにつれ、依頼者から現状を知らせてほしいと再三連絡がきていた。

まだ調査が続行しているのに、依頼者である妻に情報を提供するのは、今なら厳禁と理解できるが、当時はまだ独自のノウハウも確立していなくて、顧客サービスの一環として調査状況の一部を知らせた。

ところがその日の夜、夫がいつになく早く

帰宅したことから、「あれ？　今夜は早いのね？　いい人にフラれたのかしら」と、妻がイヤミを言ってしまったことから、大喧嘩に発展。とうとう夫の身辺調査を依頼していることを自ら告白してしまった。売り言葉に買い言葉から、この夜、ご近所にも聞こえるほどの大声で、お互いの罵倒《ばとう》合戦に発展。しかし、言いたいことを言い合ってすっきりしたのか、虚脱状態の夫は妙にしんみりとして、自らの不倫への疑いは邪推だと力説し始めたという。

その言葉になぜか妻も心を打たれ、翌日、「夫は浮気などしていないと誓ってくれました。夫婦の絆を取り戻せました」と、妻は夫の無実を信じ、調査をその時点で中止してしまった。調査情報の漏洩《ろうえい》は由々しきことであったものの、結果、ご夫婦の仲が修復されたのであれば、めでたし、めでたしの大団円となるはずだった。

後日、仲を取り戻した夫婦が揃って、調査報告を一応聞きたいと連絡があった。経緯を知る担当者は念のために、中断した段階の調査報告書を提示して良いかを確認した。妻は「もう隠し事はないので、大丈夫。多少、女性の影があっても、もう主人の心に浮気心は微塵《みじん》もありませんから」と、すっかり安心したように答えたという。

妻はにこやかに来社したものの、不倫疑惑をかけられていた夫は、どこか浮かぬ顔をして二人は好対照をなしていたという。「やましいことはないって、誓ってくれたので」と、妻は完全に夫のことを信用していた。

担当者は報告書を見せたのだが、そこに一枚、夫と女性が路地の奥で何やら抱き合っているような写真が挟まれていた。

その写真を見るなり、妻の顔が鬼の形相へ一変。

「ウソついていたわね⁉」

「いや、誤解だ！」

二人の間には冷たい空気が流れ、報告書を奪い合うようにして帰って行ったという。

その後、何とか元のさやに戻ったものの、妻の疑心暗鬼と夫への監視は続いているらしい。

このように想像もつかないトラブルにならないように、事態を複雑化させないように徹底して情報管理を行っています。

他にも、探偵がここを怠ると、調査そのものが失敗する可能性が高まる、要注意の確認事項があります。

事実関係の再確認は行ったか？

依頼者からの事前の情報を聞き出すのが、調査の第一歩だとすれば、次に探偵として確認するのが依頼者からの調査依頼の信ぴょう性です。もしかしたら依頼者が探偵に話している事実関係が、まったくのウソという場合も想定されます。時に心を病んで妄想が膨らみ、話す内容が支離滅裂だったり、極端な場合には、独身にもかかわらず妄想上の夫や妻の不倫に悩んだりする方もいらっしゃいます。

有名芸能人が夫や妻だと言う依頼者はすぐに分かりますが、そうでない場合は、話していることが虚偽であると判明した時点で、丁寧にお断りしています。

法律に違反していないか？

以前、地方議会の関係者の方からライバル候補のスキャンダルを調べてほしいという案件や、芸能人の普段の様子を調査してほしいという一般の方の依頼がありました。しかし、こうした案件は社会正義に照らしても問題があり、また依頼者と調査対象者の間に利害関係が無い以上、引き受けることはできないとの判断から、丁寧にお断りさせていただきました。

探偵という職業は確かに人のプライバシーを探ります。ただし、それが真実の解明につながり、前向きな未来に歩み出すものとなることを前提としています。倫理観が欠如したビジネス優先では、探偵の心は疲弊するばかりです。

依頼者が反社会的勢力の人物だったり、調査案件が裏社会に通じるものだったりした場合も、引き受けることはありません。調査の過程でそうした事実が判明すれば、すぐに探偵を引き上げ、事件性があると感じたらすぐに警察へ報告します。

公序良俗に反する依頼、違法な調査の強制を求める場合も、断固拒絶することになっています。これが探偵の矜持《きょうじ》であり、プライドなのです。

厳正な契約書を交わしたか？

調査依頼を受けるに当たって、弊社ではきちんとした契約書を依頼者に理解してもらい、署名捺印《なついん》を求めています。これは料金や調査範囲の確認はもちろんのこと、実は依頼者に対して覚悟を決めてもらうという意味を含んでいます。

不倫が疑われる配偶者の調査にあたって、依頼者は本音では「ウソであってほしい」「間違いであってほしい」と願っています。しかし、結果、不倫が事実であった時、それを受け入れることができないケースもあります。その気持ちは痛いほど分かりますが、探偵たちが日々足を棒にし、集めてきた調査結果は、逃れようのない真実を物語っています。だからこそ、調査結果を受け入れてもらうための覚悟が必要です。どのような結果になろうと、真実であることを保証し、そのための証拠も提示するので、現実として受け入れて下さいという覚悟を決めてもらうのが弊社の契約書のスタイルです。

調査結果をどのように今後生かしていくのか、それは依頼者次第ですが、でき得るならば幸せな道を歩んでいただきたいと願っています。言うなれば、〝幸せになる契約書〟と言っても過言ではありません。

探偵の調査スケジュール

様々な事前チェックを終え、探偵必須の確認事項もOKとなれば、いよいよ実際の調査活動が開始されます。ではどこから手をつけていくのか。探偵だけが知るスケジュール・ノウハウをお教えいたしましょう。

① 確認作業

契約締結後、本調査に入る前に必ずすることは、調査対象者の出勤時間・ルートなど、必須《ひっす》の確認事項の事前調査です。対象者の行動パターンを徹底的にリサーチして、予測した上で調査に入るのが基本です。

調査対象者のデータから人物を特定し、顔写真と本人を比べて間違いないことを複数の探偵同士で客観的に確認することも怠りません。さらに職場の住所、利用する駅や交通機関、仕事内容……など、まずは基本情報のすり合わせを行っていくのが初動調査の重要なポイントです。

② 24時間尾行&張り込み

ある程度、行動パターンと不倫相手が判明している場合は、不倫関係にあることの確たる証拠を掴むべく、尾行と張り込みを粘り強く行います。不倫相手の特定から始める場合は、まさに24時間、調査対象者に密着し、水も漏らさぬ態勢で対象者の行動を追跡します。

なかなか結果が出ない場合は、調査人員と態勢を改めて構築していきます。調査の方向性に間違いがないか。見逃している時間・場所は無いか。多角的に再検証し、計画を立て直して、再度調査にアタックします。

③ 調査結果総括

依頼者に報告できる調査結果が出た段階で、例えば不倫の証拠が必須の場合は、確保した証拠が間違いなく証拠たる価値を持つのかどうか、全体会議で検証します。証拠の価値とは、調査対象者がまさに不倫をしている動かぬ証拠という意味で、ラブホテルや相手の自宅などに入り、長時間二人きりであったことが証明されている写真や映像です。この場合、はっきりと調査対象者と相手が識別できる、鮮明なものでなければなりません。

さらに、これらの証拠がどのような調査によって手に入れたものか、また違法な手段でないことなど、問題のない整合性を持っていることを報告書にまとめます。

ホテルへ出入りする映像や写真以外は、不貞の決定的な証拠にはなりません。それ以外は状況証拠ですので、不貞と判断するには弱いのですが、真実への確証を得られるように数を積み重ねて報告書に記載します。

★証拠として有効なもの

ホテルへ出入りする映像・写真

☆証拠として弱いもの

・不倫を疑わせる会話録音
・クレジットカードの利用明細
・Suica、PASMOなどの利用履歴
・メールでのやりとり
・編集や加工が疑われる映像・写真
・日記やブログ、小説などの創作物
・第三者の目撃証言
・違法な方法で入手した証拠(盗聴など)
・噂や伝聞

④ 依頼者への報告

報告書をまとめあげたら、依頼者にご来社いただいて証拠映像を見せつつ、報告書を見せながら経緯説明をします。ショッキングな内容を伴うため、ここでの報告は慎重の上にも慎重を期し、また正確さと客観性を保つことを意識して分かりやすく伝えます。

調査を担当した探偵と専任カウンセラーが入り、感情を高ぶらせる依頼者の心に寄り添って、その都度心のケアを行っていきます。

⑤ 依頼者のこれからへのアドバイス

最後に、これは依頼者の方の選択になりますが、私たちが集めた証拠をもとに「離婚」または「修復」、あるいは知らなかったことにして「現状維持」か、ご本人の意志を確認します。

もし「離婚」を希望されるなら、離婚訴訟に向けて法的な役割を担う、弁護士や行政書士の紹介など、できる限りの支援を行います。「修復」したいと望まれるなら、心を傷つけた事実にどう向き合い、赤信号の灯《とも》る夫婦関係をどう改善していくか、経験豊富なカウンセラーが修復のためのアドバイスを施します。

一番厄介なのは、不倫が明らかになったにもかかわらず、見なかったことにして「現状維持」を選択した場合です。主に夫への経済的な依存が強い妻のケースが多く、その気持ちも分からないではありません。しかし、このまま不倫を放置しておいても、良いことは一つもないと断言できます。

できれば勇気をもって、不倫を犯したことを夫婦の間のタブーとせず、事実を突き付けてすべてを白日の下に晒《さら》し、本音での話し合いを行うことをお勧めします。この辛《つら》い行動を乗り越えることで愛情が深まり、関係を修復してきたご夫婦を何組も見てきました。それでもだめな場合は、「離婚」も止むを得ません。

未来の自分のために、前向きで幸せな選択をしてほしいと私はいつも願っています。

探偵になった動機

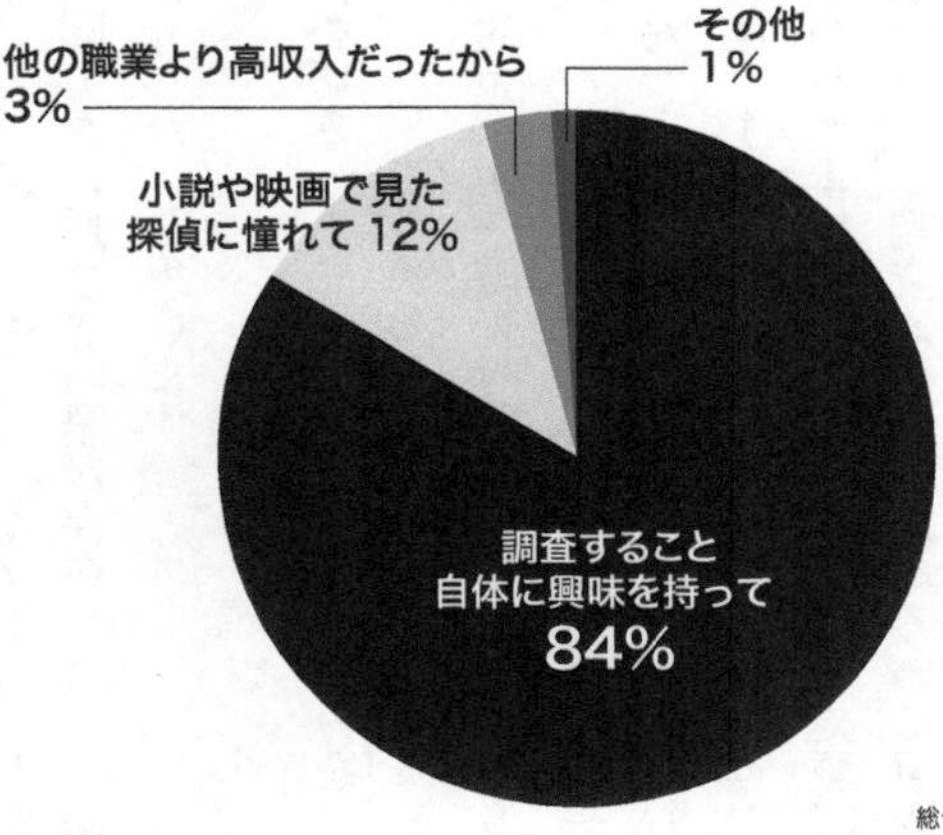

総合探偵社 MR 調べ

探偵になる動機

弊社の探偵たちに、「なぜ探偵になったのか？」についてアンケートを行いました。

探偵の実に八割が、調査自体に関心を持ってこの職業に就いたことが分かります。第3位に収入がランクインしていますが、経済的な側面よりやりがいを求めて探偵になろうと考える人が多いようです。

ちなみに、「その他」で回答した人は、弊社のかつての依頼者です。自ら依頼し、探偵の調査ぶりを実際に知っているからこそ、なりたいと思ったとか。探偵社を経営している立場からすると、探偵の職業が注目を集めて、なりたいと希望する人たちが増えてくれると嬉《うれ》しい限りです。

探偵用語を教えましょう

調査をするにあたり、一般人には一度聞いただけでは分からない業界用語、いわゆる探偵の間でだけ通じる隠語が存在します。探偵という職業を少しでも知ってもらえるよう、ご紹介したいと思います。

「**目を切る**」↓二人の探偵で張り込みをしている時に、自分はこれで目を離すので代わりにちゃんと見ていて下さいねという合図。

「**一対**」↓第一調査対象者の略で、依頼者から調査するように依頼された人物を指す。夫が不倫をしている場合は、一対は夫ということになる。

「**二対**」↓第二調査対象者の略で、第一対象者と不倫関係にある愛人のことを指す。

「**失尾**」↓尾行中に調査対象者を見失うこと。探偵にとっては大きなミス。

「**身バレ**」↓探偵の人相風体を調査対象者に認識され、怪しまれること。

「**宅割り**」↓調査過程で愛人あるいは重要関係者の自宅が分かること。

「**面取り**」↓調査対象者と間違いなく同一人物であると、顔写真をもとに確認すること。

「**服取り**」↓顔写真で特定が厳しいときなどに、洋服の写真で特定すること。

「勤追い」→勤務先まで追いかけ、職業や仕事内容を把握すること。
「飛び込み」→探偵という身分を隠して聞き込みをすること。

他にもいろいろありますが、こうした探偵用語が生まれた背景には、調査の現場でこちらが探偵と分からないように会話したことが始まりと言われています。弊社だけでなく他社も同じような探偵用語を使用していますので、恐らく警察関係から伝わってきた言葉がベースになっているものと思われます。

さてこうした探偵用語は、一体、どんな場面で使われるのか。実際の現場にご案内しましょう。

調査の実際＝張り込み篇

探偵の調査において必須と言えるのが、張り込みです。張り込みでは特定の場所に長時間滞在し、調査対象者の行動や決定的瞬間を捉《とら》えるため、忍耐強くその時を待ちます。

では探偵たちが張り込みをする最適な場所とは、どんなところなのでしょうか？　駐車場や空き地など見通しの良い場所でしょうか？　それとも路地の隙間のような狭い場所でしょうか？

実は映画やドラマでお馴染《なじ》みの、電信柱の後ろなのです。なぜかというと、探偵が張り込みをしていることがバレてはいけないため。見通しの良い場所では、調査対象者に簡単に「怪しい人がいる」と感づかれてしまいます。家と家の間の路地の隙間では、逆に視野が狭まって張り込みの用を足しませんし、明らかに怪しい人物と見なされると警察に通報されてしまいます。

その点、電信柱の後ろは意外な盲点で、人ひとり隠れるにはぴったりの障害物です。仮に怪しい人と思われても、電話をかけるふりをしていたり、スマホでメールをいじっていたりすれば、通行の迷惑にならないように気を遣っている人になれます。

ただし電信柱の後ろというポジションは、車を使わない単独での張り込みの場合に限ります。

では以下のような場合、張り込み中の探偵が取る行動として正しいのはどれでしょうか？

① 張り込み中、近所の居住者から、いかにも怪しい者をみるような態度で、声をかけ

られました。その時、調査員が取る行動で正しいものはどれですか？

A　調査員と名乗り「家出人を捜している」と架空の案件を説明し誤解を解く
B　調査員と名乗らず「不動産を確認にきた不動産屋」と身分を偽る
C　何事もなかったような素振りで無視する

張り込み場所の近隣の住人から、「長い時間ここにいるけど、何をしているのかしら？」と、怪しまれることはよくあります。遠巻きに睨《にら》んでいたり、警察に通報したりする人もいます。警察の場合は、職務質問を受けたら正直に社員証をみせて、探偵である旨を告げれば納得してくれます。

ただしこうした場合は、近隣とのトラブルを避けるために張り込み場所を変えたり、場合によっては、この日の業務を中断して後日改めて行ったりすることもあり得ます。最も対処に困るのが、住人の方からの声掛けです。

「なぜずっとここにいるんですか？」
「さっきから見てると、なんだか怪しい！　何者!?」
と、最初から犯罪者でも見るような態度で迫ってきます。こうした時には、焦らず無視せず、誠実な対応がその後の調査をやりやすくします。

従って答えは、Aの「調査員と名乗り『家出人を捜している』と架空の案件を説明し誤解を解く」です。

「家出人を捜している」はあくまで方便ではありますが、探偵たちの業務の中には、不倫調査以外に「家出人捜索」もあり、弊社では力を入れている分野の一つとなっています。

不倫調査だと話してしまうと、変に好奇心をあおって探偵がここに張り込んでいることが、調査対象者に伝わってしまう危険性があります。

常に身なりは清潔に保つよう指導していますので、声をかけられた際には笑顔で対応し、「怪しい者ではない」ことを理解してもらうようにしています。また、張り込みをする際、近所に住んでいる方に菓子折を持って行き、事前に挨拶《あいさつ》をすることもあります。張り込み一つにも、こうした目に見えない努力が隠されているのです。

続いても、クイズ形式で出題しましょう。

② マンションの前で張り込み中、管理人から不審がられ、質問を受けました。その時、何と答えますか?

Ａ「ここで、知人を待っているんです」
Ｂ「職務上、答えられません」
Ｃ「実は私、探偵でして……」

住み込みの管理人さんが常駐しているマンションでは、その前でじっと長時間立っていると必ず注意されます。今では監視カメラも複数台設置されていますから、怪しまれない行動が肝要となってきます。

例えば十五分ごとに張り込み場所を変え、管理人さんのチェックの目をかいくぐる手法をとる場合もあります。大きなリュックやスーツケースを抱え、初めての場所を訪ねる風を装うのも効果があります。田舎から出てきて目的地にたどり着けず、迷っているのだなと勝手に解釈されればこっちのものです。

さてマンションの管理人から質問された時、どうやり過ごすのか。Ａの「ここで、知人を待っているんです」と答えるのがベストです。

知人でなくても、恋人でも、家族でも、待ち合わせをして違和感のない人物を想定することが大切です。時々、時計を確認して「まだかな～」とイライラした様子を見せるのもリアリティが増します。

もしも、管理人さんから、「こんなところで待ち合わせですか?」と聞かれたら、「共通の友人が家を買ったので訪ねる予定なのですが、待ち合わせている彼しか住所を知らないのですよ」と答えれば、管理人さんも納得します。この方法で閑静な住宅街でも大丈夫です。

続いては、難問です。

③ 人通りの多い道で張り込みをする場合、周囲に怪しまれないよう対処する方法として、最も適切なものはどれでしょうか?

A　ホームレスに変装し道端に寝そべる

B　交通量調査員に扮《ふん》し堂々と張り込む

C　見通しの良い喫茶店で何時間もねばる

人通りの多い道での張り込みは、比較的楽に対応できますが、絶対にしてはいけないのが、調査対象者の行動を監視できる喫茶店やファミレスでの張り込みです。まずお店では長時間の張り込みができません。そして調査対象者が動き出した時、張り込んでいる探偵はすぐに対応できません。慌てて出て行けば騒ぎになりますし、会計を済ます手間がかかります。

かといってホームレスも、路地裏ならともかく華やかなお店がならぶ繁華街では、警察に通報される恐れがあります。

一番良いのが、Bの「交通量調査員に扮し堂々と張り込む」です。読者の皆さんも見たことがあると思いますが、歩道の隅でパイプ椅子に座り、カウンターを弾《はじ》きながら交通量を測る、あの調査員に扮するのが周囲の風景に違和感なく溶け込めるのです。手はカウンターを弾きつつも、通る車などまったく見てはいません。見ているのは調査対象者の方だけです。傍を通る人々はそんなことなど、微塵も気にかけていないので、探偵は堂々と張り込みを何時間でも続けられるのです。

では次の問題です。

④張り込みがバレてしまい、「あんた探偵だろ⁉　誰から頼まれているのか答えろ！」と追及されました。この時、何と答えますか？

A「何かの間違いです……。絶対に違います！」
B「何を言ってるんですか？　警察に行きますか？」
C「すみませんが、依頼者の名前は言えません」

いわゆる探偵用語で「身バレ」した際、調査対象者が感情的に迫って来ることはよくあることです。しかし、身の危険を感じる時だからこそ、探偵であることを告白してはいけません。その瞬間から相手はますます感情的になり、「いつ」「誰に」「何を」頼まれたのか、白状するまで解放しません。

ならばどうするのがいいのか。絶対に認めず開き直るのが最善です。つまり正解はBの「何を言ってるんですか？　警察に行きますか？」と答える……です。

張り込みは探偵にとって、いろんな意味でリスクの高い業務です。ましてや「身バレ」した時の対処を誤ると、その後の調査に大きな影響を与えてしまいます。

そこで「身バレ」で生じたマイナスを、なんとかゼロにするために、終始一貫して関係のない第三者であり、わけの分からない因縁をつけられ、逆に困惑していると主張するのです。相手は、まだ「探偵」だとも、「不倫調査」を行っている最中だとも、確証は持っていません。無関係を装うことで、相手は「あれ？　勘違いだったのかな……？」と、不安になります。それでも声を荒らげ、威嚇するような態度をとるような場合は、警察を呼ぶのが賢明でしょう。しかし、「身バレ」してしまった、この探偵は当該調査業務から外さざるを得ません。

さて、屋外での張り込みのノウハウをいろいろ列挙しましたが、では店舗などの屋内での張り込みはどうなのか。まずはこの問題です。

⑤レストランや喫茶店など人の多いところでの張り込みは、どの位置が最適ですか？

A　対象者の真後ろの座席

B　できるだけ離れた位置

C　対象者の動きが分かる真正面

こうした飲食店での調査対象者の行動把握は、実際によくあることです。その場合、張り込む探偵は、閉ざされた同じ空間で対象者と、しばしの時間を過ごすわけですから、慎重な対応が求められます。しかし、だからといって、かしこまって大人しくしていればいいというものでもありません。偶然、その店に居合わせたお客さんとして自然にふるまうことが肝心なのです。

とは言っても、目的は調査対象者の行動チェックですから、自分の視野の中に対象者が常に入っていなくてはなりません。離れた席から監視していると、探偵と対象者の間の席にお客さんが座る可能性があり、そうなると死角が生まれてしまいます。また真正面からチェックするのは、「身バレ」の危険性が高くなり、やってはいけません。

正解はA。対象者に気配を感じられずに、逐一様子を把握できる真後ろの席です。不倫相手と同席している場合は、どんな会話をしているのかも重要になりますので、真後ろの席であれば、その会話を録音することも可能です。もちろん調査対象者に気づかれることも、まずありません。

続いては複数の探偵による車内からの張り込みの問題です。

⑥ 車から張り込みをする際、周囲に怪しまれないようにするにはどうすればいいですか?

A　ボンネットを開け修理しているように装う

B　女性スタッフと二人で恋人を装う
C　まめに移動し場所を変える

通常、張り込みは長時間にわたる可能性があるので、車を使ってその中から調査対象者の行動を見張ります。その場合は目立たないごく一般的な営業車風の車に二人以上で乗り込み、近くのコインパーキングか、路上でも駐車違反の取締り員が頻繁に来ない場所を選びます。

仮に駐車取締り員が来た場合でも、「運転手が乗車し速やかに移動できる」状態にあり、注意を受けた際に移動すれば、原則として違反に問われることはありません。（※停車はOKのエリア限定）

車には冷暖房がついていますので、暑い夏や厳寒の冬などでも探偵の疲労度は少なくて済むというメリットがあります。人の目にさらされていても、中で探偵が見張っていると思う人は、まずいません。ただし、屈強な男性探偵が二、三人で、じっと座っているのは、いかにも変です。やはりここでも怪しまれない演出が必要になります。

では、どんな演出が最善かというと、長時間継続可能でよくある風景であることが条件になります。

ボンネットを開けて故障を装うのは、長時間は無理ですし、親切な人が「ちょっと見せてごらんなさい」と、お節介を焼かないともかぎりません。まめに移動するのは、車での張り込みの基本ですが、それはあくまで駐車違反への対応方法です。

最もいいのが男女のカップルで、恋人を装う方法です。運転席に男性、助手席に女性。時折、楽しげな会話をしていれば、通りすがりの人は誰でも、恋人同士が別れを惜しんで、いつまでも車の中でいちゃついている……と思うはずです。張り込みのカモフラージュとして、違和感のない設定と言えるでしょう。

答えはBでした。


最近の張り込みには、先端機器も多数導入されています。

例えば、深夜、暗闇の中で調査対象者の行動を監視する際には、暗視スコープが必需品です。探偵がいると怪しまれる場合は、WiFiが届く場所に小型カメラを仕掛け、離れた場所からその映像をチェックします。電子機器や映像機器の進歩が、探偵の仕事を支えている意外な一面もあるのです。

調査の実際＝尾行篇

張り込みの次に探偵の調査を支える重要なスキルが、尾行です。

尾行は調査対象者の後に、一定の距離を保ちながらぴったりと張り付き、一挙手一投足を漏れなく監視する手法で、探偵になるとすぐにこの訓練が施されます。まさに探偵のイロハのイ。必修科目と言っても過言ではありません。

大切なのは、いかに対象者にバレずに、長期にわたって尾行できるかです。決定的な証拠を手にいれるその瞬間まで、じっと監視されていることに調査対象者に気づかれず、平穏無事に日々を過ごしてもらうことが理想です。

そのためのノウハウをお教えしましょう。

まず尾行の第一段階は、いわゆる「面取り」から始まります。探偵用語のコーナーで書きましたが「面取り」とは「調査対象者と間違いなく同一人物であると、顔写真をもとに確認すること」です。依頼者から提供された複数の写真をもとにする場合が多いのですが、徹底的に顔あるいは身体の特徴を頭に叩《たた》き込みます。

太目の黒縁眼鏡を常時愛用、髭《ひげ》は濃くいつも頬は青々としている、ちょっと右肩を下げて歩く癖がある……などなど。まさに007のジェームズ・ボンドか、ミッション：インポッシブルのイーサン・ハントかというぐらい、プロのスパイ顔負けに目をつぶれば調査対象者の姿が浮かぶほど、記憶します。この事前作業を行わないと、相手を見失った時にすぐに見つけ出すことができません。

ベテラン刑事は、指名手配犯の顔と特徴をすべて頭に叩き込み、町を歩いていて偶然犯人に遭遇した時でも、瞬時に犯人であると認識できるとか。弊社の探偵も、そうした高いスキルを身に付けています。

ではここで問題です。

① 複数の探偵で尾行する場合、最も気をつけなければならないのは何でしょうか？

A　調査対象者に近づかない
B　常に複数で行動する
C　一か所にまとまらない

地方の行き交う人も少ない町では、単独の尾行はすぐに分かってしまいます。そこで複数の探偵を調査に動員するのですが、この時、絶対に犯してはならないミスが、複数の探偵が集団で尾行する行為です。怪しい複数の人間が特定の人物と一定の距離を保ちながら歩いていれば、周囲の人から必ず奇異に思われてしまいます。

探偵は目立ったり、怪しまれたりすれば終わりです。複数での尾行は、あらかじめ町の地図を把握した上で、分散して張り込みます。その上で連絡をとりながら、尾行を代わる代わる行うのがセオリーです。

従って、正解はCの「一か所にまとまらない」です。こうして比較的閑散とした地方の町でも、調査対象者本人だけでなく、周囲の人々にも怪しまれずに尾行を成功させることが可能になります。

徒歩での尾行は、体力があり経験値が上がれば上がるほど勘が働くようになり、相手の次の行動も読め、証拠に行き着く成功率は高まります。まさに尾行の極意は、何百人もの人の後をつけて経験を積むものだと言えるでしょう。

ただし、今は電車やタクシー、マイカーでの移動がほとんどですから、乗り物別のノウハウを身に付けていなくてはなりません。よくスパイ映画などでは、尾行する相手が電車に乗ると、その隣の車両に乗って様子を窺《うかが》うシーンが出てきます。

では現実はというと、弊社では原則として調査対象者と同じ車両に乗ることを推奨しています。というのも、特に東京や大阪などの大都会では、ラッシュアワー時の電車は立つ余地もないほど混むからです。押し合いへし合いしている状況で、隣の車両などに行っていては、完全に見失ってしまいます。

そこで同じ車両に乗り込み、対象者の後にぴったりとくっつきます。こうすれば降りる際も、一緒に行動できますので、絶対に見失うことはありません。

さて、そこで問題です。

②尾行中、エレベーターに乗らなくてはならなくなった時、どうすればいいですか?

A　階段を使い各階に先回りする
B　調査対象者に背を向け一緒に乗る
C　戻ってくるまで出口で待つ

尾行している際に調査対象者と同じエレベーターに乗らなくてはならないケースほど、探偵に一抹の逡巡《しゅんじゅん》を生じさせるものはありません。下手をすればエレベーターという狭い空間を共有したことから、尾行がバレたり怪しまれたりすることも少なくないのです。「乗るべきか、乗らざるべきか」と、探偵の心に一瞬の迷いがあったとしても、ここは乗るべきでしょう。階段を使って各階をチェックするには体力がいりますし、調査対象者の目的の場所が高層ビルの最上階だったとしたら、まず途中で息が上がってへたり込むのは明らかです。かといって出てくるまで待っているのも無駄です。

正解は、Bの「調査対象者に背を向け一緒に乗る」です。

背を向けるのはエレベーターの中ではごく自然な行為です。逆に先に乗っている調査対象者に正対すれば、威嚇しているように見えて警戒されてしまいます。

背を向けることによって、調査対象者が何階に行こうとしているのか、止まる階を示しているパネルを必然的に見ることになり、確認した上で、その階の一階下のボタンを押します。こうすることで対象者より先に降り、急いで階段を上って、先回りできるというわけです。（※原則的な方法論であり実際はケースバイケースです）

同じエレベーターの箱に乗って、怪しまれないかというと、ごく自然に入ればほとんど問題ありません。エレベーターは基本的に不特定多数の人が利用します。ビジネスタワーはもちろんですが、同じ建物にどんな人が行き来しているのか、都会ではあまり関心が無いのが現実です。

次は、対象者の突然の行動変化に、どう対応するかについての問題です。

③ 調査対象者がタクシーに突然乗りました。探偵がすぐに追いかけられない場合はどうしますか？

A　その日は諦《あきら》め次の機会に望みを託す
B　目的地を推理し移動する
C　ナンバーを覚えた後、どこで降車したか聞き出す

こうした状況は常に起こり得るものと想定しておけば、臨機応変な対応が可能です。

まず、仲間の探偵の車両やバイクがすぐ近くにあれば、それに同乗し追いかけることもできますが、そうしたケースは状況的に稀《まれ》です。しかし、「仕方ない」とあきらめては探偵の名がすたります。大切なのは、調査対象者がタクシーに乗って、どこに行くのかという事実の追求です。

目的地を推理してそこに移動する方法もありますが、よほど対象者の行動パターンを把

握し、多くの情報を持っていなければ徒労に終わる確率の方が高いと言わざるを得ません。

正解はCの「ナンバーを覚えた後、どこで降車したか聞き出す」です。

まだ運転手の記憶が新しい、その日の内に会社へ電話をし、「〇〇で男の人を乗せたと思うのですが……」と切り出し、どこで降りたか教えてもらいます。

今は個人情報の漏洩を厳しく取り扱っているので、そう簡単ではありませんが、きちんとお話しすれば教えてくれることも結構あります。降車地点を具体的に教えてくれなくても、どの辺りだったのか漠然とした情報でも、参考になりますので、聞いてみて損はありません。

尾行中のアクシデント

尾行は日常生活の真っ只中《ただなか》に身を置くため、様々なアクシデントに遭遇する。不倫が疑われる夫を24時間尾行していたのだが、この夫、とにかくお酒が大好きで、金曜日は毎週のように浴びるほど飲んでいた。

その日も、朝まで飲み続け、結局始発で帰宅するハメに。ずっと張り付いていた探偵も、疲労困憊《ひろうこんぱい》となりながら家に着くまで尾行しなければならない。ベロンベロンに酔っぱらった夫が、駅のホームで半ば眠りかけの状態で、よろめきながら電車を待っていると、ぐらっと身体が揺れ、あっという間に線路に転落。傍で見張っていた探偵もこれには驚き、線路に飛び降りて、間一髪のところで助け上げた。

駅員からは感謝され、ぜひ人命救助で表彰したいので名前と住所を教えて下さいと言われたとか。しかし、身分がバレてしまうと業務に差し障りがあるため、固辞してその日の尾行を切り上げたのだった。

こんなことまでするプロ根性

某大学の教授が調査対象者だったことから、探偵が学生風のラフなスタイルで調査を開始。ダンスサークルの学生と知り合い、得意のムーンウォークを披露したところ、しつこく勧誘されて仮入部するハメに。

しばし、一緒にダンスを楽しんでいたが、講義の終わる時間が迫り、後ろ髪を引かれる思いで業務に戻ったとか。結果はきっちり出したものの、童顔の32歳探偵にとっては、忘れていた青春時代をほんの束《つか》の間、味わうひとときとなった。今でもその時のダンスサークルの学生を、懐かしく思い出すという。

調査の実際＝聞き込み篇

張り込み、尾行に続いて、探偵の調査業務につきものなのが、聞き込みです。

聞き込みは、最初に調査対象者の住居や勤務先周辺の地理、住民環境の情報収集を中心に行います。聞き込みの過程で、調査協力してくれそうな人物がいれば、それとなく仲良くなって、突っ込んだ情報を得ることもあります。

しかし、聞き込みは見知らぬ人に接触するわけですから、警戒心を持たれることが多く、かなりのテクニックが必要となるため、ある程度経験を積んだ探偵の役割ともいえるでしょう。

そこで問題です。

①聞き込みの際、探偵であると名乗らず、個別に情報を収集するにはどうすればいいですか？

Ａ　聞き込み対象地区にアパートを借り住民になる
Ｂ　特定情報を得る質問をちりばめたアンケート調査を実施
Ｃ　セールスマンに扮し営業トークの中から聞き出す

聞き込みの成否は、〝どれだけ雑談を行えるか？〟にかかっています。当然ですが、「○○さんについてお聞きします」など、直球の質問で聞けば怪しまれてしまい、調査していることが分かってしまいます。

警察ならいざしらず、探偵には公に聞き込みの権限を与えられてはいません。だからこそ、まずは雑談から入り、相手の心を和ませてから核心へと入っていくトーク・テクニックが必要になります。

とするとアパートを借りて住人になるのは経費と時間がかさみ、選択肢としては考えられません。アンケート調査も、何かの勧誘と思われて拒絶されるケースが多く、やはり効率的ではありません。

物販や生保などのセールスマンとして、調査対象者近くの民家を個別に訪れるか、表に出ている人に声を掛けるなどして、コミュニケーションを図るのが最善です。身なりはきちんとスーツを着て、にこやかに愛想よく言葉を交わします。こうした場合、過去に営業マンの経験がある探偵は、その経験がとても役に立つようです。

従って答えはＣ「セールスマンに扮し営業トークの中から聞き出す」です。

さらに、話を聞きたい相手に警戒心を与えないテクニックとして、こんな方法も取られています。

②聞き込みをする際、警戒心を与えず心を開いてもらうために、用いられている方法はどれですか？

A　菓子折りを渡す

B　女性探偵を同行させる

C　偽の弁護士バッジをスーツの襟につける

恐らく、読者の皆さんはすぐに分かったと思います。

菓子折りを突然知らない人から渡されて、警戒心を解くことはできませんし、また弁護士でもないのに、たとえ名乗らなくても偽の弁護士バッジをつけていたら、それなりの罪になります。

よって正解はBの「女性探偵を同行させる」でした。

女性が一緒にいることで、心理的にどんな方でも警戒心が和らぎます。トークの中で「私も子育て中で……」とか、「物価が高くなって生活が大変です」など、身近な話題を具体的にすることで相手の心を開く効果を生みます。

これが男性だと、同じことを言っても、女性のようにすんなり受け入れてはくれません。張り込みや尾行など体力のいる調査は男性優位ですが、聞き込み調査では、女性の強みが生かされる局面が多く、近年、女性探偵も激増しており、大きな戦力として活躍しています。

行動を予見する「先読み」のコツ

探偵は仕事柄、相対する人の表情や仕草、言動からどのような性格なのか、職業、収入、果ては好みの女性のタイプなど、ある程度予測できる洞察力が身に付きます。

弊社の探偵に聞いたところ、洞察力が身に付くので、街行くカップルを見るだけで不倫かどうか分かるようになったという人もいます。それどころか単身の人物をしばらく観察するだけで、不倫しているかどうかということも分かるようになるとか。

また、その人の特性や内面的な部分も多少会話すればすぐ分かるようになってくるので、ほとんどナンパに成功することができるようになったという探偵もいました。それだけ共感力が身に付き、感性が養われるのが探偵という職業なのです。

依頼者と悲しい気持ちを共有し、調査対象者の傍若無人な行動を観察することで、人の悲しみを感じ取ることができるようになると共に、人に対して優しくなれたという意見もありました。また、世の中の様々な人物を終始追跡することで、世の中の仕組みが理解できるようになったという探偵もいます。

これは余談ですが、若い探偵が友人の主催する合コンに参加すると、探偵というだけで、ほぼ女性全員が興味を持って話し掛けてくれるそうです。「探偵ってモテるな……」と思っていると、食い付きがいいのは最初だけで、守秘義務を守りつつ経験談を話すと、ドン引きされるのがいつものパターンだとか。

ともあれ、探偵の調査の現場は、苦労ばかりがつきまといます。そんな彼らのモチベーションを維持し続ける最良の薬は、やはり真実を知った依頼者からの「ありがとう」の言葉です。不倫の事実は大きな心のショックとなるのは想像に難くありませんが、その後の人生を素晴らしいものにするための一つの試金石と捉え、乗り越えていくことで、今まで出会ったことが無かった本当の自分を知ることにも繋がります。

不倫が発覚した後も離婚を選択せず、修復の道を選んだご夫婦も少なくありません。調査結果をもとにして、不貞を犯した配偶者の方と真摯《しんし》に向き合い、ご夫婦の間にどんな問題があったのか話し合うきっかけとなることが多いからです。

携わったすべての人に幸せな未来が訪れることを祈りながら、今日も探偵たちは誰にも知られることなく、しかし必死の汗を流しています。

第四章　探偵の実状

探偵学校の講義内容

探偵という職業に興味を持ってはいるものの、具体的にどんな仕事内容なのか、あるいは自分に向いている仕事なのか不安という方のために、弊社では人材育成の機関として探偵学校を併設しています。ここでは、前述した「張り込み」「尾行」「聞き込み」「証拠確保」のノウハウを、現役探偵が講師となって実践的に教えています。

コースは、初級の「ベーシックコース」から、本格的にプロの知識を学べる「独立開業コース」まで三つの段階に分かれています。それぞれのコースは、探偵としての基本である尾行・張り込みの技術や撮影技術を中心としたカリキュラムで構成しています。最も高いスキルを身に付けることができる「独立開業コース」では、本気で一流の探偵になりたい方向けに探偵社の経営カリキュラムもあり、他社とは一線を画した講義と実習で組んでいます。

卒業後は独立開業を実現するために株式会社MRがバックアップし、プロの探偵として活躍できるよう、悩みを持った人のために力を尽くしたい、調査ビジネスで活躍したいという方のために積極的に支援を行っています。

今、この本の読者の中には、探偵になりたいと思っている方もいるのではないでしょう

MR探偵学校のカリキュラム

探偵概論・尾行講義	撮影術・機材
探偵業法・刑法・民法・警察の捜査法	行方調査
社会関係調査・信用調査	公募・資料収集
尾行・張り込み・撮影実習【初級編】	
応用尾行技術・応用撮影技術	聞き込み話法
応用行方調査	法人調査実務
盗聴・盗撮・電磁波発見	特殊機材
電話相談・メール相談・面談技術	調査報告書
尾行・張り込み・撮影実習【中級編】	
応用面談技術	広告戦略
調査会社経営・事業計画プラン	開業に伴う書類等の説明・終了証
尾行・張り込み・撮影実習【実践編】	

か？

そんな方のために、探偵に必要な素養と心構えの一端をお教えしましょう。

遵法意識と守秘義務の徹底

探偵にとって、何はさておき第一に守らなければならないものは、本書に何度も出てきたと思いますが守秘義務です。同様に、法律を理解して従う、コンプライアンスの意識も重要です。ともすれば調査の過程で、うっかり違法な行動に及ぶ場合も考えられます。しかし、私たち探偵は警察ではありませんので、法律で許された範囲でのみ行動しなければなりません。探偵学校では、探偵として必ず守らなければならない法律を徹底的に教え、遵法意識を高めます。
まずは法律を理解し守ること。これが探偵になるための第一歩と言えるでしょう。
では探偵はどのような法律で、その業務を規定されているのでしょうか？　最初に理解していただきたいのは、『探偵業の業務の適正化に関する法律』（※通称「探偵業法」）の条文に明記された内容です。以下に、重要な部分を抜き出しました。これを読めば探偵とは何か、社会的な役割と法律で定義されたアウトラインが見えてくると思います。

探偵業の業務の適正化に関する法律（抜粋）

第一条　この法律は、探偵業について必要な規制を定めることにより、その業務の運営の適正を図り、もって個人の権利利益の保護に資することを目的とする。

第二条　この法律において「探偵業務」とは、他人の依頼を受けて、特定人の所在又は行動についての情報であって当該依頼に係るものを収集することを目的として面接による**聞込み、尾行、張込み**その他これらに類する方法により実地の調査を行い、その調査の結果を当該依頼者に報告する業務をいう。

（※傍線は筆者）

ここで注目していただきたいのは、「探偵業務」についてはっきりと明文化されていることです。ある特定の人物の所在や行動を調査し、そのことを依頼者に報告するものと定義されています。ともすればプライバシーを侵害する違法な職業と思われがちですが、まったくそれには当たらないことが分かっていただけるはずです。

しかも、「聞き込み」「尾行」「張り込み」が探偵の仕事であり、そのこともまた法的に容認されていることが分かります。ただし、誰でも探偵になれるわけではありません。わけありの個人情報を調査するわけですから、守秘義務を貫ける強い意志を持ち、社会的常識人でなければなりません。

そうした探偵となる人物の条件も、この法律は厳しく規定しています。

探偵業の業務の適正化に関する法律（抜粋）

第三条　次の各号のいずれかに該当する者は、探偵業を営んではならない。

一　成年被後見人若しくは被保佐人又は破産者で復権を得ないもの

二　禁錮以上の刑に処せられ、又はこの法律の規定に違反して罰金の刑に処せられ、その執行を終わり、又は執行を受けることがなくなった日から

起算して五年を経過しない者

三　最近五年間に第十五条の規定による処分に違反した者

（※筆者注：第十五条　探偵業法又は他の法令違反を犯した者についての規定に基づく）

四　暴力団員による不当な行為の防止等に関する法律（平成三年法律第七十七号）第二条第六号に規定する暴力団員（以下「暴力団員」という。）又は暴力団員でなくなった日から五年を経過しない者

この条文に書かれていることは、至極まともな内容ですし、善意の常識人ならばまったく関係のない規定です。しかし、前述したように個人情報を扱う探偵という仕事に、悪意を持つ者がつけば、巧妙な犯罪とつながることも考えられます。

現在では、探偵業法によって、悪質な探偵社は駆逐され、社会貢献企業としての探偵の在り方を常に模索してきた健全な会社がほとんどです。したがって法人としての運営にも、高いコンプライアンス体制を構築している探偵社も少なくありません。

例えば調査依頼者が未成年の場合、保護者と連絡をとり、保護者名義の契約を必ず行っ

ています。最近では「いじめ」問題の相談に訪れる中高生が多くなっていますが、相談には乗ってもその後の調査は、やはり親御さんとの意思疎通が必要なのです。

よく探偵業における守秘義務は、いつまで守らなければならないのか？　……と、聞かれることがあります。

探偵をやめてしまえば、その時点で守秘義務がなくなるのでしょうか？

いいえ、なくなりません。探偵業務によって知り得た個人情報は、生涯、誰にも漏らしてはいけないことになっています。つまり死ぬまで話してはならないのです。

それだけ探偵は常に襟を正し、理不尽に泣いている弱き人々、悩みを誰にも相談できないでいる孤独な人々のために役立とうとしているのです。いわば自分を強く律する意志の強さが探偵必須の素養となってきますが、他にもどんな人が探偵に向いているのでしょうか？

明るく社交的な人でしょうか？　それとも腕っぷしが強く頼れる人でしょうか？

実は探偵に最も向いているタイプは、無個性で目立たない平凡な人なのです。よく個性的な人をキャラが立っている……と言いますが、そんな人は探偵に向いていません。なぜなら目立ちやすいからです。

探偵の仕事は、常に隠密《おんみつ》行動です。人込みに紛れれば、どこにいるのか分からなくなる無個性な人ほど、優秀な探偵になる可能性を秘めています。

探偵は誰でもなろうと思えば、すぐに名乗ることができますが、それはあくまで自称であり、法的に認められた探偵ではありません。

ではどうすれば〝本物〟の探偵になれるかというと、探偵業法に基づき各都道府県の公安委員会に、「探偵業開始届出書」という書類を提出しなければなりません。これは個人でも法人でも、探偵業を開業する者の義務となっています。

届出書を出すと、届け出番号が割り振られ、この番号が無い探偵社は、いわば〝偽物〟と判断して間違いありませんので、引っ掛からないよう気を付けて下さい。ちなみに私どもの総合探偵社株式会社MRの届け出番号は、「東京都公安委員会 探偵業届出証明番号第30070058号」となっていますのでご安心を。

ケース・スタディによる座学

探偵を取り巻く法律を学んだ後は、現役探偵の体験談をもとにしたケース・スタディによる調査対象者へのアプローチ方法を学習します。もちろん探偵という職業は理論よりも実際の現場で学んだ方が効果的なのは言うまでもありません。しかし、まだ現場に出ても右も左も分からない状態では、時間がかかります。

そこでまずは、調査手法の理論を説明し、その後、現場で体験させることで、より早く第一線で活躍できる戦力となるのです。

探偵学校でのカリキュラムは多岐にわたりますが、主要なケース・スタディの中で、「こんなことまで勉強するのか」といった意外な事例をいくつかご紹介しましょう。

① 犯罪を目撃した時の対応

調査の過程で犯罪に遭遇したり、違法行為を目撃したりした場合、携わっている当該調査を根本から台無しにすることがあります。不倫調査ではそうした出来事に出会うことは稀《まれ》ですが、他にも探偵の業務として「行方不明者の捜索」「未成年者の素行調査」「いじめの実態調査」なども依頼されることがあり、こうしたケースでは、違法な現場に遭遇する可能性が高くなります。

犯罪は速やかに通報せよ

不倫相手との逢瀬《おうせ》をとらえようと、外出した妻を尾行。向かったのは郊外の大型量販店だった。妻はあてもなくぶらぶらと店内を歩いていたが、やおら御菓子に弁当、歯ブラシ、洗剤と、何の脈絡もなくショッピングカートに入れたのだ。ちょうど混んできた時間帯だったせいか、彼女はそのままレジを通り過ぎ、平然と袋に入れ出した。

「ひょっとすると……万引き？」

探偵は、彼女をじっと見つめていたが、案の定、一切精算せず外へ。この時点で、探偵は「犯罪を目撃したらすぐに対応せよ」というルールに基づいて彼女に声をかけ、同時に店の責任者も呼び出して事情を説明。依頼者である夫にも連絡し、調査はこの段階でいったん終了。

妻の心の闇だけが重く残った出来事となった。

また親からの依頼で、18歳以下の娘の素行調査では、風俗店へ入っていく瞬間を目撃。尾行していた探偵は彼女が風俗嬢として働いていることを確認した上で、警察に連絡し速やかに対処。結果、違法風俗店の摘発に繋《つな》がり、また少女は親元で謹慎生活になったという。

学ぶべきポイント

探偵の仕事は、いつもAかBかを瞬時に決断する局面が次から次へと襲い掛かります。その中でも、せっかく調査が順調に進んでいたのに、調査対象者の犯罪行為に接してしまったことから、それまでの調査の成果をすべて捨てなければならない決断は、やはり逡《しゅん》巡《じゅん》してしまうのは仕方ないことでしょう。

しかし、ここは探偵という立場上、絶対に譲れない一線です。調査の成否によって報酬が違ってくる場合もあり、ビジネスとしてのみとらえたら目を瞑《つぶ》ってしまうかもしれませんが、探偵は社会正義を担っている一面があります。ここは意を決して警察に通報することを選ばなくてはなりません。

② ハイテク機器の活用法

現代の調査業務はハイテク機器が必要不可欠です。特に証拠を摑《つか》む映像機器の撮影技術や知識の習得は、探偵の必修科目と言ってもいいでしょう。

探偵のカメラは時に超望遠レンズも装着可能な高級機も使用しますが、ただしこれでは大きくて重いため、フレキシブルに動けません。それに目立ってしまい、怪しまれる場合もあります。今ではコンパクトでも解像度の高いカメラがありますので、こちらを主に使っています。いざという時にはスマホでも十分代用が可能です。

また証拠として写真以上に説得力があるのが動画です。探偵は尾行や張り込みの際、小型ビデオカメラをバッグに忍ばせ、尾行中、常時撮影する方法をとるようにしています。機器の使用法とともに、探偵ならではの撮影技術も必須《ひっす》です。調査対象者を捉《とら》えるには、どんな位置が最適か、また顔が映っていなければ証拠として価値がないなど、写真や映像についての理論を学びます。

しかし、そうした技術よりも、もっと大切なことがあります。それは「バッテリー残量のチェック」と「メモリー残量のチェック」です。

探偵たちが調査に向かう際、必ず行うのが以下のチェックです。
・カメラのバッテリーは１００％充電されているか？
・予備のバッテリーは持ったか？

・メモリーは新しいものをセットしたか？
・メモリーの初期化は行ったか？
・カメラは正常に作動したか？

もし、尾行中にバッテリーが切れたら、その時点で終わってしまいます。充電をうっかり怠っていたことから、それまでの苦労がすべて水の泡になってしまうなど、あってはなりません。だからこそ、こうしたチェックが大切なのだと、探偵学校では口を酸っぱくして教えています。

カメラ以外でも、最近探偵たちの強い味方となってくれるハイテク機器が使われるようになりました。それが位置情報をインターネットを介して、いつでも把握できるＧＰＳ（全地球測位システム）です。調査対象者は当然ですが、尾行や張り込みに出動している探偵の位置を常に知っておくことで、想定外の状況に即応も可能。

探偵学校では、実際にＧＰＳが威力を発揮したケースをもとに、最先端の効果的な調査方法を教えています。

GPSがもたらしたチームワーク

典型的な不倫夫の調査依頼が舞い込み、特に特殊な事情もないことから新人探偵に経験を積ませる意味で、単独での尾行を行わせた。

調査対象者は、一流企業に勤めるエリートサラリーマン。依頼者である妻の話では、「高学歴で頭の良さを鼻にかける、プライドの高い人物」とのことだった。頭が良いと自負する人物は案外隙が多く、尾行されていることすら気づかないことが多い。新人君でもなんとかなるのではないかと思っていたのだが、結果は尾行に失敗。その姿を見失ってしまった。

それにしても何かが違う。探偵たちは、妻を呼び出して問いただした。

「実は、探偵さんにお願いしたのは、今回が二度目なんです。一度目の時は、すぐにバレてしまって、それ以来、夫は私の行動を逆にチェックしていたんです。今回、どうやら私がMRさんに依頼したことも分かっていたようなんです」

なんと、この調査はバレバレだったのか。これは調査対象者からの挑戦と受け取り、五人編成の新チームを結成し、事に当たることになった。

その手法とは、想定される場所にGPSを身に付けた探偵を配し、本部はその位置情報を各自に逐一伝えること。つまり彼らの報告を受けて、次に尾行する探偵に連絡。位置の修正指示を出しつつ追い詰めていくやり方だった。

夫も、尾行に用心していたため、地下鉄からバス、路地裏とランダムな動きを始めるが、リレー式で密に連絡し合う探偵たちの追跡を遮断するには至らなかった。

尾行が始まって約三時間。ついに愛人が暮らすマンションに入っていく瞬間をゲット。まさにＧＰＳを活用した探偵たちの連携の勝利だった。

学ぶべきポイント

ＧＰＳは調査対象者の車や、カバンなど身に付ける物にそっと忍ばせることが効果的です。尾行する探偵の位置を本部で一括掌握し、正確な次の移動場所を指示することにも活用できます。またこうしたＧＰＳの使い方は、探偵たちの尾行方法にも好影響を与え、成功率を高めています。

最先端機器も「これしかない」という使い方ではなく、柔軟に生かすことを考え、実践してみることで探偵業務の可能性を広げることに繋がっていきます。そういった意味でも貴重なケース・スタディだと考えています。

③ 社会関係調査の意義

探偵社への依頼でよくあるのが、社会関係調査と言われるものです。それは、調査対象者が公にしている、あるいは利害関係にある人に話している経歴や実績、社会的信用が真実なのか調査するものです。

具体的に挙げると——

「詐欺を視野に入れた結婚相手の信用調査」

結婚調査の目的は、結婚相手とその家族・親族の身上・身辺確認ですが、最近増えてきたのが、「結婚詐欺師」ではないかという事案です。

詳しくは別項で改めてご紹介します。

「個人融資に値するかどうかの経済力調査」

ある個人の方が友人から融資を求められても、返済できるかどうか根拠がないケースは不安です。安易にOKしても、返済できなかった場合は大きな損失を被ることになってしまいます。そんなリスクを軽減するのが、〝経済力調査〟です。負債金額から年商・年収まで調査します。

「採用応募者の身辺調査」

即戦力を期待し有為な人材を獲得するために、企業は多額のリクルート費用を費やしています。だからこそ、華麗なる経歴の持ち主が本当にそうなのか、学歴や職歴に詐称はないか。人物の実像を調査し、人材採用のリスクを軽減します。

「企業の沿革を含む実態・業務調査」

法人からの依頼で、新規の取引先の沿革・業務実態・実績・反社会的勢力との繋がりなどを調査します。


これらの調査は関連する基本的な法律を熟知している必要があります。調査報告書に記載する結論の根拠も、公の届け出や書類によるものもあり、その入手に当たっては、正当な手続きを経なくてはなりません。

探偵の調査とともに、弁護士・司法書士、場合によっては所轄の警察署などとの連携が不可欠となってきます。そうした専門職の方たちとの調整もまた、探偵に欠かせない能力なのです。

ではどんなケース・スタディから、そのノウハウを学んでいるのでしょうか。

優秀な新規採用者の調査依頼

中堅の某商社から依頼を受けて、即戦力として採用がほぼ決まっている、将来の幹部候補生の経歴調査を行うことになった。

履歴書には有名私立大学を卒業し、その後アメリカの名門ハーバード大学ビジネススクール（経営学大学院）に入学とある。ＭＢＡ（経営学修士）を取得して、三年間ニューヨークの会計事務所に勤務していたとのことだった。会社としては、彼の経歴を信じていないわけではなかったが、やはりきちんとウソではないことを証明しておきたかったようだ。

当然ではあるが、当該幹部候補生の彼からは、ハーバード大学ビジネススクールの卒業証書のコピーが提出され、問題はなかった。探偵たちも、ここまで輝かしい経歴なのだから敢《あ》えてウソをついていないだろうと思っていたのだが……。

まず国内の某有名私立大学を訪れ、卒業名簿に幹部候補生の彼の名前を発見。ここまでは間違いない。次にハーバード大学へは、英語が堪能な探偵に直接電話をさせ、メールでも正式に○○年卒業の日本人留学生Ａ氏は実在しているのか、尋ねたところ、すぐに答えが返ってきた。

「He exists.（存在しています）」

彼の経歴に間違いないと探偵の誰もがそう思った。実に簡単な調査であった。念のためにと、彼が三年間勤めたというニューヨークの会計事務所にもあたってみた。もし、三年ではなく二年しか在籍していなくとも、正社員でなくずっとインターン扱いだったとしても、彼の経歴に傷はつかないだろうと思っていた。会計事務所からメールが返ってきた。しかし、そこに記されていたのは驚きの事実。

「お尋ねのA氏は、現在、弊社のシニアマネジャーとしてロサンジェルス支店に勤務しています」

なんと、A氏は実在していたものの、現在もアメリカで働いていたのだ。とすると、幹部候補生の彼は、一体、誰なのか？

色めきたった探偵たちは調査を続行。その結果分かったのは、幹部候補生のA氏はロサンジェルス在住の本人と従兄弟《いとこ》同士。年齢も近く、就職のためにひそかに本物の戸籍謄本と卒業証書を提出し、採用を勝ち取っていたのだ。

彼の運転免許証を確認し、会社の人事担当者も別人であると判断。採用は取り消しとなったが、私文書偽造、詐欺などでの刑事告発は見送られた。

学ぶべきポイント

信用調査を行う探偵は、予断を持って事に当たってはいけないことが、この事例から理解できます。常に客観的事実を積み重ね、真実へとたどり着くことが、企業の依頼に誠実に応《こた》えることになるのです。

念には念を入れる。性急に結論を出さない。何度も反芻《はんすう》し、得られた結果に問題はないかを考える。それが信用調査において、私たちが大きな信頼を得るただ一つの方法です。

特に特定の人物の人生がかかっている場合、深く広範囲に渡る調査によって、その人物のマイナスとなる結果だったとしても、揺るぎない証拠が真実を雄弁に語るということを学べるのではないでしょうか。

いかがだったでしょうか？

探偵学校には他にも様々なカリキュラムが組まれていますので、教室でまずは理論を頭に叩《たた》き込み、その後、街に出て実際に「尾行」「張り込み」「撮影」などを実践学習していきます。

新しく入社する社員は、まず探偵学校に入学し、距離感を把握する力や判断力を鍛える講義を受けます。現実的には、無事に学校を卒業して正式に入社できる人は20％くらいです。広く状況を把握できるか、臨機応変に対応できるかどうかなど、適性が求められる職業だと思います。

かといって学校卒業だけでは、まだまだ即戦力となる探偵とは言えません。生の現場に接し、失敗や成功を繰り返しながら成長していくのが探偵です。その過程は普通のサラリーマンとはまったく違う世界です。驚きの出会いや人生のドラマに遭遇することが数多くあり、自らの生き方に深みを与えてくれるはずです。

関心をお持ちの方は、ぜひ探偵という職業にチャレンジしてみてはいかがでしょうか？

探偵の七つ道具

探偵は調査遂行のために様々な道具を小さなバッグの中に詰め込んでいます。

例えば、調査対象者に探偵の人相がバレないよう、変装するための道具も持っています。俗に変装の三点セットと言われ、コンパクトでかさばらず、効果的に変装できるものとして、眼鏡《めがね》、帽子、ジャケットは必需品です。

眼鏡は色違いを数本、帽子は折りたためるリバーシブルのキャップ、ジャケットは薄くバッグに入るものを一着携行し、いざという時にバッグから取り出してがらりと印象を変えることができます。

よくスパイ映画では、サングラスを多用していますが、探偵の場合サングラスは却《かえ》って目立つため、なるべく使用を避けるようにしています。ただし、日差しの強い夏場など、周囲にたくさんサングラスをかけた人が多い場合は、その限りではありません。

かつては、七つ道具として小型カメラ、トランシーバー、録音機、双眼鏡……など重くかさばるものが多かったように思います。

しかし、今では掌《てのひら》に入る小型ビデオカメラ（写真カメラ兼用）とスマホだけでこと足りるようになってきました。実はビデオカメラですら、スマホがあればほとんどの状況に対応できるのです。もっと詳しく言えばスマホというより、スマホにインストールしてあるアプリがとても重要です。

では、探偵はどんなアプリを調査に活用しているのでしょうか。

探偵必携のアプリについてご紹介しましょう。

ゼンリン住宅地図	沖縄から北海道まで、建物名・居住者名や番地を確認可能
乗換案内アプリ	調査中対象者の行動を把握し、目的地に先回り。
交通機関時刻表アプリ	全国すべての時刻表を網羅。地方への尾行の味方。
Suicaアプリ	これ一つで全国のＪＲ、都市部の私鉄・地下鉄に対応。
ホテル予約アプリ	事前に予定がつかない尾行調査で活用。
無音カメラアプリ	シャッター音が出ないカメラ。相手に気づかれないため。
レコーダーアプリ	音声の録音を行う際の必需アプリ。

探偵インストールアプリ

上の表にあるものが最低でもインストールを推奨しているアプリです。ざっと見ても普通の人がスマホに入れているものと、そう変わりはありません。意外かもしれませんが、実は、これだけで探偵の業務をスムーズに進めることができるのです。

探偵は「行方不明者捜索」も行いますが、行方不明になって時間が経っている場合、当時の写真をリアルに経年変化させるアプリも、本人を特定する際に便利です。このアプリは「初恋の人探し」にも活用できます。

また屋外でもネット環境が充実していなければ、連絡もままなりません。Ｗｉ－Ｆｉ網が完備されつつある現代でも、スピードが遅かったり、繋がらなかったりする場合も結構あります。そこでポケットWi‐Fiを携行することも推奨しています。これさえあればGPS機能を使って探偵の位置情報を把握し、場合によっては身の安全を確保することにもつながります。

探偵の現代の七つ道具は、極端なことを言えばスマホ一台でこと足りる……というわけです。

探偵が使うスマホ用ガジェット

探偵にとってスマホは必需品であり、これ一台で調査がスムーズに進むと言いましたが、その効果を何倍にも高めてくれるのが、探偵のために開発されたと言っても過言ではないスマホ用ガジェット（雑貨）です。

その一例をランキングでご紹介しましょう。

第5位『スマホ用拡大ルーペ』 スマホに固定することで細かい文字や映像を拡大できる。年配探偵の強い味方。

第4位『Wi‐Fi超小型カメラ』 手の中のカメラは被写体に向け、探偵は無関心を装いながらスマホで映像を確認、対象者の行動を監視。遠隔調査にも活用。

第3位『クリップ式ペリスコープスマホレンズ』カメラの向きを90度回転させた状態で撮影できるレンズ。スマホのカメラを被写体に向けず撮影できる。

第2位『ソーラーパネル付リュック』リュックを背負って歩いているだけでスマホに充電。電池切れの心配なし。

第1位『スマホカメラ用望遠レンズ』高品質な4K光学ズームレンズを使用する十二倍望遠レンズ。映像の劣化が起こらずクリアな画質で撮影できる。

これらのガジェットを必ずしも現役探偵の全員が使っているとは限りませんが、かなりの探偵はいずれかを使用しているようです。第2位の『ソーラーパネル付リュック』は、リュックとして使用しながら、スマホ以外にもパソコンなどのバッテリーにも充電でき、フレキシブルに動く探偵の業務を強力に支えてくれます。

第1位の『スマホレンズ用望遠レンズ』は使用頻度も高く、製品自体小さいので携帯するのに邪魔になりません。またズーム機能をはじめレンズの交換も可能な機種もあり、今や高級カメラを持つよりも使い勝手が良いのではないかと思います。

探偵社への相談数第2位は人探し

探偵社への依頼で圧倒的に多いのが不倫調査ですが、その次に多いのが「行方不明者捜索」です。端的に言えば、ある日、忽然《こつぜん》と姿を消してしまった家出人の捜索です。

こうした場合、自殺する可能性があり、一分一秒の遅れが命取りとなるケースもあります。

家出する場合、そこには何らかの理由があり、心を病んでしまっていることもあります。そこで弊社では、まず家族・親族の方から情報を徹底的にヒアリングし、家出した方の人物像を事細かく把握します。

捜索依頼を受けて開始した当日に、捜索対象者の17歳の家出少女が自殺死体となって発見されたケースもあります。したがって危ないと思われる場合は、早めに探偵に依頼し、できるだけ早く捜索することをお勧めします。

自殺の可能性がある案件で、まさに探偵たちは寝食を惜しみ、発見まで不眠不休で捜索に当たり、有力な目撃情報をもとに家出人の所在をある駅周辺までしぼって、ローラー作戦で捜索したことがありました。

丹念な聞き込みとプロファイリングから予想される行動パターンを合致させ、実際にピンポイントで神社の境内でぽつんと座り込んでいた家出人を発見。手にはボストンバッグが握られていたのですが、なんとその中には一本のロープが……。

聞けば静かな場所で首つり自殺をしようと考えていたとか。あと十分遅ければ、もしかしたら死んでいたかもしれない案件でした。

家出人捜索には、人生のドラマが渦巻いています。実際に家出人捜索がどのように行われているのか、それぞれのドラマとともに事例をご紹介しましょう。

一枚の写真からすぐに場所を特定

昨今の家出人は、親御さんに居場所は告げないものの、インスタに写真をアップする行為を続ける場合が少なくありません。しかし親世代はインスタなどやっておらず、動向を摑む術《すべ》がない状態です。友人も家出人の味方となっているので、教えてはくれないことがあります。

若い家出人（高校中退した女の子・遊び好きなタイプ）の場合、大抵が彼と一緒だったり、あるいは風俗で働いていたりすることもあるので、早く発見して更生してもらいたいと、探偵たちも我が子を探す気持ちで捜索に当たったっています。

そんな彼女たちのアイテムで外せないのが前述のインスタなのですが、家出人のインスタを見つけても、所在が摑めないように撮影していることがあります。そんな時は一枚の写真の中から、ヒントになりそうな情報をピックアップし、そこからどこにいるのか所在地を探り出す手法が用いられます。

例えば、特徴的な看板のロゴの一部、後ろの遠くで微《かす》かに写る電車の色、線路の数、マンション建物の形……などからストリートビューと照らし合わせ、居所を特定するのです。しかし、この調査は手間暇と根気がとてつもなく必要とされます。もちろん、ある程度範囲をしぼってから行うのですが、それでも砂山の中から小さなガラス片を探すようなものです。

ある時、捜索していた家出人の女の子が、「引っ越しました」というハッシュタグをつけた一枚の写真をインスタに上げたことがありました。それはガランとした何もない室内で写したもの。窓の外の風景はなく、室内のディティールと、ほんのわずかにベランダの脇に写っていたマンションの一部。そして新築という情報。

他の情報によってある程度絞られていたエリアを、この一枚の写真をヒントにストリートビューで検索。さらに新築のワンルームマンションで絞込み、該当するマンション内部の不動産情報を入手しました。

内部の間取りと写真、さらに建物の一部を照らし合わせ、その部屋を特定することに成功。写真の角度から、何階の何号室というところまで判明したのでした。

すぐにそのマンションに急行し、該当する部屋のインターホンを押したところ、どんぴしゃりで本人が登場。風俗で働き、ホストに貢いでいたとか。

後は親御さんと話し合ってもらい、探偵たちは更生することを祈るのみでした。

協力者には気をつけろ

家出人捜索では、カプセルホテルやネットカフェに潜入し、店員に話を聞くこともあります。その中には、探偵であることが分かると俄然《がぜん》張り切りだし、協力を惜しまない店員に出会うことも少なくありません。

ある時、ネットカフェでの調査で、店員に家出人（20代女性）の写真を見せたところ、定期的に訪れて二日程度宿泊することが判明。探偵たちも「ビンゴ！」と気を良くし、また来たら連絡してほしいと名刺を置いていきました。

すると数日後、件《くだん》の店員から「今、彼女が来店した」との連絡が入り、探偵たちが駆け付けてみると、その店員が家出人の彼女のブースの前で監視中。しかも、探偵たちが現れると、「探偵さん、こっちこっち」と声をかけてきたのです。中の彼女に聞かれたら、感づかれてしまうかもしれません。しかし、善意で協力してくれた店員を叱責《しっせき》するわけにもいかず、手で静かにするようにと制し、タイミングを見計らってドアをノック。

ところが……出てきたのは家出人とは、似ても似つかない女性。前のめりになった店員の勇み足がすべての原因でしたが怒るわけにもいかず、今後は店員への聞き込みは慎重にしようという教訓となりました。

ちなみにこの家出人は、彼氏と駆け落ちしていたことが後で判明。親の説得で別れ、無事帰宅したそうです。

自転車の防犯登録が決め手

人間関係に悩み、家出した20代の息子の捜索を親御さんから依頼され、その分野に強い弊社の腕利き探偵三人で特捜チームを結成。

捜索開始からすぐに重要な情報を入手。なんと貯金通帳を自宅に置いていたので、現金を引き出した支店が判明したのです。

ちなみに貯金通帳に引き出した支店番号が記入されるのは、銀行のうち三行のみで、他の銀行は記載されないようになっています。こういうことも知っておかなければならないのが探偵です。

特捜チームは、また現れるかもしれない銀行支店に数日張り込んだのですが、当該家出息子は現れず。

「本当にここの近辺にいるのか？　いたとしても、もう他に移ったのではないか？」

と特捜チームが、さらに決め手となるものはないかと再びリサーチしたところ、自宅からは自転車でいなくなっていることが判明。しかも親御さんが防犯登録の番号を控えていたのが、大きな前進に繋がったのです。

銀行支店の周辺の駅、バス停……など自転車が停めてある場所をしらみつぶしに調べると、地下鉄駅前の何百台と駐車してある中から、失踪《しっそう》当時、息子が乗っていた自転車を発見。そこで張り込んでいると、その息子がふらりと現れたのです。

「〇〇さんですね。ご両親が心配しています。お話を聞かせてください」

特捜チームのリーダーは、こう声をかけ、抵抗もされずに無事保護。しかし、話を聞いたところ、家出した原因が親御さんとの関係の問題であり、自宅には帰りたくない旨を伝えてきたのです。

本人発見はすぐに親御さんに伝えられましたが、息子の事情も理解できるため、探偵が間に入ることになりました。二、三日様子を見つつ、自主的な帰宅を促し、探偵の説得と親御さんの反省の言葉もあり、息子さんはその後無事に帰宅したのでした。


家出人の発見は、まさにいろんなケースがあり、事情も様々です。

妻からの依頼で行方不明となっていた夫を捜索したところ、河川敷の動かない車の中で寝泊まりし、ホームレスの世捨て人になっていたこともありました。

変わったところでは、家出人が自宅マンションの配電ボックス室の中で、数週間にわたって暮らしていたこともありました。

中年過ぎの男性家出人のケースで多い発見場所は、地方の温泉旅館やダム工事の宿舎など、働きながら暮らせるところです。身元をごまかしている場合も多く、雇用している側もそれほど気に留めず、あるいは知っていても知らないふりをして働かせていることもありました。

いずれにしても、人生に疲れたり、家族との生活に絶望したりと、家出人の事情を探れば探るほど、現代社会の疲弊感を垣間見る《かいまみ》ことになります。ただし、無事家出人を発見し、家族と対面した時に涙を流して喜んでくれて、このことをきっかけに問題を解決するよう前向きになっていく姿を見るのは、探偵としてとても嬉《うれ》しいものです。

探偵犬が能力を発揮

調査の精度を上げるために、弊社では、最新機材を積極的に導入していますが、アナログだけれど強力な戦力となり得るものも取り入れています。その一つが探偵業界で初めて採用した、探偵犬です。

きっかけは、二〇一一年三月一一日に起きた東日本大震災。被災地で、災害救助犬の活躍を目にしたことが導入を決意させたのです。

弊社の探偵犬は、栃木県にある民間の警察犬訓練所で生まれ育ったシェパードで、名前はかのアーサー・コナン・ドイルが生み出した、ベーカー街の名探偵にちなんで「ホームズ」と付けました。

一説によれば、犬の嗅覚《きゅうかく》は人間の１００万倍優れているとも言われています。犬の持つ、その特殊能力を活《い》かし、主に行方不明者の捜索で活躍できると考えたのでした。

様々な犬がいる中で、警察犬に数多く採用されているシェパードは、知能も高く責任感も強いため、探偵犬にはうってつけでした。

よくテレビドラマなどでは、警察犬に靴の匂いを嗅《か》がせるシーンが出てきますが、弊社では靴は使いません。最も匂いが染み付いているのは、捜索対象者が使用していた枕カバー。長期間、洗濯をしないで使用しているものの方が、匂いが明確で判別に有効だからです。

人が入って行くことが困難な山奥や森林での捜索では、行方不明者がどちらの方向に進んだのか、まったく見当がつきませんでしたが、探偵犬の導入で道筋が開けました。

ある時、行方不明者の捜索のため足取りを追って、地方の田舎町までたどり着きました。しかし、それ以上、どこへ進んでいけばいいのか、手掛かりがまったく掴めない状況に陥ってしまったのです。そこで探偵犬の出動となったのですが、例のごとく行方不明者の家族から借りた枕カバーの匂いを嗅がせ、最後の目撃情報があった場所から捜索を再スタート。

すると、探偵犬は何の迷いも無く地面に残った行方不明者の匂いを嗅ぎながら、2キロほど進み、そこにはうっそうと茂る竹藪《たけやぶ》が。その中へ分け入ったものの、竹が密集していため探偵犬を先に行かせ、後ろから小型ドローンを竹と竹の間をすり抜けるように飛ばしました。操作する手元ではドローンの映像を逐次確認。しばらく竹林の奥まで行くと、開けた河原に出たのです。そして探偵犬が急に激しく吠《ほ》え始めました。ドローンが映した探偵犬の横には、怯《おび》えている様子の行方不明者がうずくまっていたのです。探偵たちもすぐに別ルートから河原に降り、身柄を確保。自殺という最悪の結末を避けることができました。

動物ならではの能力を活かして捜索を行う探偵犬の存在は、探偵たちの日々の調査におおいに役立っています。

国際的な組織・世界探偵協会

弊社は、世界で最も長い歴史と規模を誇る、世界探偵協会の会員となっています。世界探偵協会は一九二五年に設立され、本部はアメリカにあります。年に一度、会員たちが集まって大会が行われ、世界七十五か国以上の探偵社とネットワークを結び、各国との情報交換が行われているのです。

探偵は国によって、業務内容や与えられている権限も異なります。

たとえばアメリカは、警察官同様に拳銃《けんじゅう》の所持が認められ、犯罪調査にまで関わっている州もあります。探偵業を行うには、実地での複数年の経験を経て、法律や科学捜査の高度な知識が求められる、かなり難しい試験にパスする必要があります。もちろん倫理的な素養も審査されます。こうして晴れて探偵になっても、麻薬の密売人を逮捕したり、逃亡中の殺人犯を発見したりと、常に危険が伴う業務が待っています。

かといって浮気・不倫調査が無いかと言えば、それを専門に扱う探偵もいます。アメリカは日本よりも高額の慰謝料を請求できますから、証拠集めは厳格に行われます。

不倫が発覚した時の不貞行為においても、国ごとに異なり、フィリピンは最大七年の懲役刑、台湾は最低四カ月以上の禁錮《きんこ》刑、サウジアラビアやイランなどイスラム教の国においては、懲役や死刑という罰が下されます。

探偵も不倫も、その国の文化や法律によってまったく異なっているということが言えます。

ここ数年増えている調査

弊社に依頼される案件で、近年増えているのが、ストーカー被害に怯える女性たちです。

突然、電話が鳴り、依頼者の行動を逐一把握している旨を語り、普段の姿を撮影した画像を何度も送りつけ、ネットにありもしない誹謗《ひぼう》中傷を書き込んで、ノイローゼに追い込む異常性質のストーカー被害が急増しています。

こうした被害を訴える女性たちの安全を確保し、ストーカー犯人に迫るのも探偵の役目です。実際にあった事例をもとに、どんな対策がとられているのか検証してみましょう。

恐怖！　ストーカーの正体は……

依頼者は、バツイチ子持ちの30代女性。無言電話がかかってきたり、自転車のサドルが傷つけられたり、子どもの三輪車に落書きされたりと、何者かが嫌がらせをしていると警察に届けたが、パトロールを強化するだけで犯人の捜査までは手が回っていない状態だった。そこで、まだ子どもが小さいので、これ以上危害がエスカレートしないよう、調査して犯人を見つけてもらいたいと弊社に依頼してきた。

ストーカーの犯行は、依頼者が帰宅すると、公衆電話からあきらかにボイスチェンジャーを使って声を変え、「帰ってきたんだね」と、行動を把握しているような言葉をかけるもの。

それがほぼ毎日続き、怖くなった彼女は、当時付き合っていた彼氏に助けを求め、仕事からの帰り道に立ち寄ってもらい、しばらく滞在してもらった。彼氏はストーカーから電話がないことを確認して帰るというパターンだった。

ある日、彼氏がいる時、ストーカーからの電話が。彼が出ると切られてしまい、外を見ると怪しい人影が走り去るのを目撃。彼はすぐに追いかけていったが、ストーカーに殴られ、その場にへたり込んでしまった。警察に行こうと依頼者は言ったが、「いや騒ぎを大きくしちゃダメ」と断ってしまったとか。

探偵はそうした事情をすべて聞き、ピンとくるものがあった。

「この彼が怪しい」

そこで、彼氏と一緒に依頼者を自宅まで送っていき、探偵社へ帰るふりをして、じっと外で張り込んだ。すると、彼氏が依頼者の自宅から出てくるとすぐさま、公衆電話ボックスに入って電話をかけ始めた。

同時にもう一人の探偵が彼女の部屋へ入り、電話が鳴っていることを確認。出るように促したところ、公衆電話で彼氏がボイスチェンジャーを使い、「探偵に頼んでも無駄だ」と話している瞬間を聞いた。

すぐに彼氏の身柄を確保。まずは近所の喫茶店へ依頼者と彼氏に来てもらい、探偵たちから事実を伝えた。

彼氏は「ごめんなさい」と謝罪し、彼女の気を引こうという軽い気持ちだったようだが、だんだんエスカレートしてしまったのだと告白。殴られた事件は、彼氏の友だちがストーカー役に扮した自作自演と判明。依頼者はショックを受け、結局、警察沙汰《ざた》にはしない代わりに、二度とつきまとわない旨を約束させ、二人は別れた。


ストーカーは被害者とどこかで接点があり、必ず何らかのコミュニケーションを交わしています。つまり見ず知らずの人物ではないということです。

一度会ったことのある取引先の会社員、自宅に営業に来たセールスマン、バス停で顔見知りの学生、信じられないケースではマンションの住み込み管理人がストーカーだったということもありました。

ストーカーの心理は複雑なようで、実は単純です。前述の事例のように、好きな女性の「気を引きたい」「もっと接近したい」という思いが強く、そのことを拒まれると一瞬にして豹変《ひょうへん》し、攻撃的な態度に出てくるのです。

まさに子どものわがままのようなもので、「思い通りにいかないなら、いじめるぞ」といったエゴイスティックな意思表示として、大胆な嫌がらせに発展してしまうのでしょう。すると今度は、被害者の不安におののく姿が、ストーカーのサディスティックな欲望を刺激し、またそれが快感となり、どんどんエスカレートしていくのです。

こうしたストーカー被害の調査では、探偵も人間の心理を理解する必要があります。被害者の出勤・帰宅の行き帰りに付き添い、周辺にじっと被害者の動向を監視しているような人物はいないか確認します。あるいは交友関係を丹念に調査し、できれば会話内容まで具体的に聞き出すことで、仲良くしている友人でも、怪しいと思われる人物を探り出すことができます。

逆にストーカーらしき人物から、特定の女性についての身辺調査を依頼されることもありますが、弊社ではその可能性を想定し、調査する相手とどのような関係なのか、何を目的とした調査なのかをはっきりさせます。

結婚を前提としてお付き合いしている彼女の素行を知りたいというのであれば、その関係が真実であるかどうか、周辺の友人・親族への聞き込みを含め調査します。そこで問題なく、依頼者が本当のことを話していると判断できた場合のみ、調査を継続させていただいています。

とにかく人間は社会的地位も評価も、人間性を判断する要素にはなり得ません。どんな人でも自分自身が特定されない限り、ストーカーになって被害者を精神的に追い詰めていく可能性を秘めています。

なぜなら、人間は誰もがジキルとハイドのような、二面性を持っているからです。

結婚詐欺と後妻業の被害増加

新聞やニュースなどでは、現代の男女ともに晩婚化・非婚化が進み、少子高齢化に拍車をかけていると報じられています。一方では、女性を対象にした結婚詐欺による被害は増大傾向にあり、この二つの事実を突き合わせると、ある結論に行き着きます。

「女性は本当は結婚したい。でも理想は低くしたくない」

この考え方が、結婚詐欺師に付け入る隙を与えてしまうのです。

理想の伴侶《はんりょ》との出会いを求める女性にとって、その可能性を高めるのが「婚活サイト」や「出会いのパーティ」です。出会いが少ないと嘆く女性にとっては、救世主のような場所ですが、しかし、視点を変えると結婚詐欺師たちの恰好《かっこう》のハンティング場所でもあるの

特殊詐欺の認知件数
（振り込め詐欺以外のその他未遂含）

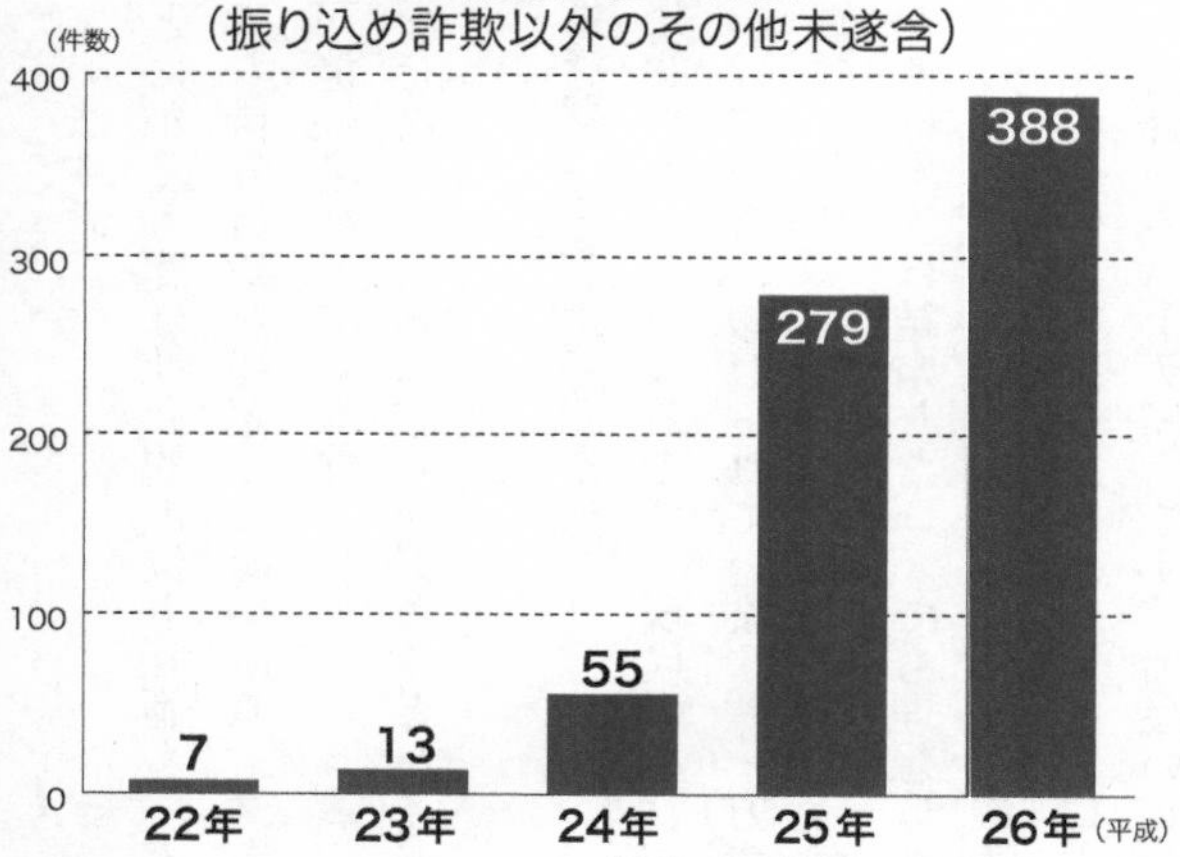

警視庁・特殊詐欺認知・検挙状況等についてより

です。

特に高い年収を誇る独身起業家限定パーティや、医師・弁護士など、高収入で社会的地位も確立されている男性限定のサイトなどは、大賑《おおにぎ》わいです。そこに集まる女性たちの意識も高く、三高男性を求めて理想を守り決して妥協しません。

詐欺師たちにとって、そこがねらい目です。これぞと思った女性に言葉巧みに声をかけ、「年収三億円」とか、「アメリカの脳外科医」とか、ちょっと聞いただけでは荒唐無稽《こうとうむけい》の、まさに詐欺師じゃないかと思えることを堂々と臆面《おくめん》もなく語ります。

この堂々とウソを語るのが詐欺師のやり口で、理想を摑もうと思っている意識の高い女性は、雰囲気がちょっとイケメン風だと、すぐに信じてしまうのです。

それは「本当なのかしら？　本当だったら素敵！」という希望的観測から、時間もかからず「本当に決まってる！」に変わってしまう人間心理が働いているからです。人は「そうなって欲しい」という願望が強くなると、願望の前提（この場合、結婚できるかもしれない男性の条件）を、事実として捉えてしまう傾向があります。

結婚詐欺師は、そうした女性心理を知っていますので、口からでまかせでも、理想にかなう創作話を次から次に繰り出します。あっという間に、女性は詐欺師のとりこになって、結婚をちらつかせながら言われるまま金銭の要求に応えてしまうのです。

しかし、年収3億円の男性なのに、50万円・１００万円と要求することなどあり得るのでしょうか？

普通はあり得ないと思いますが、「今、持ち合わせが……」とか、「上場を狙ってるので自分の収入に手を付けられない……」などと、理解不能な言い訳で丸め込みます。

少しでも違和感を訴えると、「じゃ結婚の話は無しにしよう。せっかく好きだったのに、疑われちゃ……」と、今度は弱みに付け込んで脅します。女性は結婚を焦っているので、結局、おかしいと感じても別れられないのです。

理想の男性との恋愛に夢中になっている、被害女性本人が目を覚ますのは、かなり難しいのですが、家族や友人、親族の方が客観的に見て「おかしい」と思う場合、家族の方から詐欺を疑われる相手男性の身辺調査を依頼されることがあります。こちらも事件の増加とともに、調査案件として近年増え続けています。

一方、結婚詐欺の被害に遭うのは、女性ばかりではありません。資産家の一人息子や、巨額の現金を相続したばかりの男性が、やり手の女詐欺師にひっかかる事例も報告されています。

では弊社が担当した、男性が被害者となった『結婚詐欺事案の調査』を、いくつかご紹介しましょう。

ねらわれる資産家の独身息子たちの事例

北関東の資産家から、40代の一人息子が結婚するからと女性を連れてきたが、怪しいので調べてほしいと依頼を受け、調査を開始。その女性は、本人曰《いわ》くオーストラリア人と日本人のハーフで、年齢は30歳。誰もが知るエンターテインメント系の一流企業に勤務し、自宅は六本木ヒルズだと言う。息子は婚活パーティでこの女性と出会い、洗練された雰囲気に魅了されたらしかった。

彼は自分が地元の大地主の息子で資産家であることを話してしまったとか。以来、彼女の猛アタックが始まり、すぐに深い仲になってしまったという。

調査したところ、実は女性は若く見えるものの、年齢は50代後半。エンターテインメント系の一流企業勤務ではなく、食品マルチネットワークを手掛け、色仕掛けで顧客を増やしていた。

最近ではマルチ商法も限界にきていたらしく、その女性は依頼者の息子に対し、「100万円で、ダイヤを安く仕入れることができるから投資して」「あなたのためにもっと美しくなりたいの。整形手術代4百万円出して」などとお金を求め、さらに妊娠したと言い出して早く結婚するように迫ってきた。

息子はお金を無心される度に、父親に相談してお金を出して貰《もら》っていたというが、彼は父親の不動産を管理する会社の社長で、幼い頃から甘やかされて育ったせいか、大人になりきれない頼りない男性だった。

一番心配していたのは父親で、すぐに交際している女性は怪しいと思い、調査を決断したのだが、予想通りの結果となってしまった。父親は心許《こころもと》ない一人息子を、今度ばかりはっぱり別れたとか。

と怒鳴りつけ、怒り心頭の様子に息子も震え上がって、その後、弁護士を介して女性とすっぱり別れたとか。

恐らく別れる際にも、幾ばくかの現金が渡ったのではないだろうか。

晩婚の弊害は女性よりも、男性に暗い影を落としているように思います。草食系の男性が増え、女性と上手《うま》く会話することもできず、二次元のアニメやコミックに夢中になり、結果、気が付けば独身のまま年を重ね、婚活パーティなどに参加している男性もいることでしょう。

それだけなら女詐欺師の餌食《えじき》となることはありませんが、資産家の息子ともなれば話は別です。恐らく赤子の手をひねるよりも簡単に、こうした男性の心に入り込んで、資産を食いつぶしていくのです。

資産家のご家庭で、結婚適齢期か少し過ぎたぐらいの年齢の方がいらっしゃったら、気を付けて下さい。そして、ご家族全員で女詐欺師の影がうつろいていないか、調べてみましょう。

後妻業に気をつけろ

厳密に言えば結婚詐欺ではないかもしれませんが、映画にもなった『後妻業の女』も実在します。今にも死にそうな資産家の独身老人（とは限らないものの）に、言葉巧みに近づいて結婚し、後妻の座に座ります。

後は早くこの世から去ってくれる日を願いつつ、結婚生活を送り、夫亡き後は遺産を相続するというのが後妻業です。殺人まではいたらないものの、未必の故意を疑わせる事案は世間のあらゆるところで耳にします。

弊社にもたらされた案件も、典型的な後妻業を疑わせるものでした。

父が後妻業の女にいいようにやられている！

東京に暮らす息子から、山陰地方の実家に一人で住む80代の父親が、どうも変だと相談があった。事情を聞くと、久々に田舎で暮らしている父のもとへ行くと、カレンダーに「80万円」、「20万円」と金額が書きこまれており、どうやら女性に渡しているらしいという。

何が父に起きているのか、早速、調査を開始した。その結果、この父親には仲良く交際している50歳くらいの女性がいることが判明。父親の自宅にも頻繁に訪れていた。そこで家の中で、何が起きているのか、それを調べるために息子がテーブルの上にＩＣレコーダーを置き、会話を録音しようと試みた。

その効果はすぐに現れた。録音した会話を聞いたところ、交際している女性が、涙ながらに「お金がなくて困っているの……」と訴えていると、やがてその女性の娘が現れ、同じように泣き落としでお金をせびり始めた。すると父親は、「よっしゃ、いくらでも出してやる」と、現金を渡していた。

依頼者の父親は不動産事業で財を成し、数億の資産を持っていた。しかし、五年前に苦楽をともにしてきた妻を亡くし、以来、寂しい独居老人として暮らしてきた。

ともあれ、探偵は現金をせしめた事実を掴み、このお金が何に使われるのか、女とその娘を尾行。すると二人はパチンコ屋へ。二時間ほどで先ほど依頼者の父からもらったお金を、すっかり使い果たしてしまった。

それを報告すると、息子は「やはりそうでしたか……」と、がっくり項《うなじ》を垂れて、ため息を漏らした。調べてみると、父親は月に１００万円単位で女性に援助し、四月には娘の引っ越し費用や専門学校の入学金などを別に渡していた事実が明るみに出た。

これでは、父親が一代で築いた資産が潰《つい》えてしまう。息子としては、他の兄弟とともに相続を期待していただけに、資産を守る決断をした。弁護士とともに会社名義の資産だけは凍結し、これまでの現金に関しては静観しようということになった。

ところが事態は急変する。なんと父親があの女と結婚すると言い出したのだ。金目当ての結婚と十二分に分かってはいるものの、父親が結婚を強行すれば、それに異を唱えることはできない。

そこで再び探偵が調査し、女が過去に詐欺罪で三度も逮捕歴があることを突き止めた。この事実を父親に突き付け、再婚を思い直すように説得したところ、父親も苦渋の顔で手を切ることを納得。

これで財産を守ることはできたが、父親にとっては騙《だま》されても、残り少ない余生を楽しく過ごしたかったのかもしれない。

探偵と未来

本書を通して探偵とはいかなる職業なのか、日々、どんな働き方をしているのか、その実態を少しでも理解していただけたものと思います。また信じられないような依頼案件の数々に接し、驚きとともに好奇心をおおいに刺激されたのではないでしょうか。

不倫調査、人探し、ストーカー、企業の信用調査、盗聴器発見など、現代社会において探偵の業務は、まさしく世の中の裏側に潜む非日常の世界を観察し、人間の不条理な真実にアプローチすることです。そして、人々の営みに、正解というものはなく、その人が選んだ生き方が幸せであれと願いサポートするのも、探偵の大きな仕事であろうと信じます。

今回、本書を書くにあたって、弊社の探偵たちに今まで携わってきた事例や印象深いエピソードなどを入念にヒアリングしました。それこそ屋台骨を支えてきたベテランから入社半年の若手まで話を聞き、改めて探偵という職業が担う役割の大きさと、一つひとつの任務に注ぐ彼らの情熱を痛感しました。

探偵の労働条件は、改善しようと様々に工夫をこらしていますが、まだまだ厳しいものがあります。そんな厳しい環境の中で高いスキルを維持する、探偵たちの不断の努力は大変なものだと感じています。

しかし、辛《つら》い現場も苦労の多い追跡も、涙でにじむ報告も、それらのすべてが人と人、社会と人間、そして愛と寛容につながっているのです。だからこそ悩み疲れた多くの依頼者に寄り添い、幸せになってもらって「ありがとう」と感謝されることで、大変だった業務の日々がとてつもなく価値あるものに変わっていくのです。
そんな心のご褒美を求めて、今日も探偵たちは尾行と追跡の現場に向かいます。

解説

鈴木光司

十年ほど前のこと、私の小説に探偵を登場させたことがある。その際、探偵とはいかなる世界に身を置き、日々いかなる活動をしているのかを知る必要に迫られた。そこで編者を通して紹介してもらったのが、本書の著者である岡田真弓氏であった。

池袋の本社事務所で対面した彼女は、多数の探偵たちを率いる社長らしく凛とした雰囲気を湛《たた》えつつも、どこか捉えどころのないミステリアスな女性という印象を受けた。具体的に言うと、笑顔の中のまなざしは、こちらを値踏みしているような冷静な輝きを放っていたのである。

「これは一筋縄ではいかないな」

さすが探偵と言うべきか。様々な修羅場をその目で目撃してきた凄《すご》みさえ感じたものだった。

とまれ、こちらの目的は彼女ではなく、あくまで探偵の生態と実際の活動を聞き出すことだった。しかし、私はそんな目的をいつしか忘れてしまった。

なぜなら彼女は、小説家も真っ青になる、〝本当にあった怖い話〟から、〝本当にあった世にも奇妙な笑い話〟まで、饒舌《じょうぜつ》に語りだしたのである。もちろん守秘義務の範疇《はんちゅう》ではあったが、私は探偵たちが日々信じられない現実と向き合っていることに驚愕《きょうがく》せざるを得なかったのだ。本書にもそうした探偵ならではのエピソードが数多く語られているが、実はこれはまだまだ序の口である。

我々のような小説家は、様々なキャラクターを作品の中に登場させる。しかし、どんなに破天荒で理解不可能なキャラクターだったとしても、創作の世界には、その人物が登場する役割や意図があり、だからこそストーリーが破綻せず整合性を維持できるのだ。

ところが現実の世界では、唐突に、何の脈絡も意図もなく、破天荒な人物が現れ、ひっかきまわして何も解決しないまま去っていくのである。感動も共感もへったくれもない。あるのは唖然茫然《あぜんぼうぜん》、とりつく島もない不可思議な男と女だけなのだ。

仏教における人間の煩悩の中には、「貪《とん》・瞋《しん》・痴《ち》」という「三毒」があるという。「貪」とは、際限無く欲望をむさぼり、「瞋」は、自らの感情のままに怒りや不満を爆発させ、「痴」は、物事を正しく見ず愚かな判断を下すことだという。

探偵たちの仕事は、人間の煩悩の集合体ともいえる、この「三毒」をつぶさに観察することにほかならない。ストレスも多いだろうが、視点を変えてみれば、虚飾をはぎとった人間の根本を知ることができるのだ。つまり後先を考えず、今この瞬間のみに生きる本能のエネルギーに触れられることは、じつに羨ましいと素直に思うのである。

人間の欲望の深さは貞子の呪いどころではない。複雑怪奇かつグロテスクなものほど真実なのだ。こうしてみれば探偵とは、入り組んだ男と女の関係性を丁寧にほぐす存在なのかもしれず、本書を読んで探偵という職業に興味を覚えたり、相談してみようと思った方は幸いだ。なぜなら探偵以上に人間の理解につながる仕事はないのだから。

さて、そこで一つの疑問が私の中に沸いてきた。

今も親しく交流が続く岡田真弓氏である。「MR探偵小説大賞」を創設したり、彼女がパーソナリティを務めるラジオ番組にも幾度か出演させてもらったが、その実像に迫れていない気がしているのだ。

飄々《ひょうひょう》として本質を摑《つか》めない彼女こそ、根っからの探偵なのだろう。いつか、こっそり探偵に頼んで彼女の本当の人間性に触れてみたいものだ。

岡田真弓（おかだ・まゆみ）
東京都出身。2003年、現在の総合探偵社・株式会社MRを設立。夫婦間の問題に心のケアが必要と考え、業界初のカウンセリング担当制度を導入し、探偵業界で売上No.1を達成。MR探偵学校を開校。様々なメディアに出演し、パーソナリティを務めるラジオ日本「岡田真弓の未来相談室」は放送10年、500回を超え、現在も続く。一般社団法人日本ライフメンター協会を設立し、より多くの人々の悩みと向き合う。著書に『夫を夢中にさせる“いい妻《オンナ》”の愛されルール』（幻冬舎メディアコンサルティング）がある。

探偵《たんてい》の現場《げんば》

岡田《おかだ》真弓《まゆみ》

2020年 2月 10日　初版発行
2024年 10月 5日　8版発行

発行者　山下直久
発　行　株式会社KADOKAWA
〒102-8177　東京都千代田区富士見2-13-3
電話　0570-002-301（ナビダイヤル）
編集協力　有限会社ビッグネット
装丁者　緒方修一（ラーフイン・ワークショップ）
ロゴデザイン　good design company
オビデザイン　Zapp!　白金正之
印刷所　株式会社KADOKAWA
製本所　株式会社KADOKAWA

角川新書

ISBN978-4-04-082316-4 C0295